LA VISIBILITÉ DES FEMMES AU PARLEMENT TURC

Collection « Droit international »

Collection fondée et dirigée par Gérard Teboul, professeur à l'université Paris-Est

Au regard du champ disciplinaire qu'elle couvre, la collection « Droit international » présente un caractère transversal : si elle accueille des ouvrages de droit international public ou de droit international privé, elle est ouverte également à des études portant sur des thématiques – nouvelles et de plus en plus nombreuses – se situant au confluent de ces deux disciplines. Par ailleurs, la collection « Droit international » n'entend aucunement privilégier des travaux de nature théorique ou de nature pratique : toute théorie maîtrisée doit reposer sur une connaissance sérieuse de la pratique tandis que toute analyse pratique ne saurait valablement éclairer une problématique juridique sans une compréhension de ses fondements théoriques. Ainsi, la présente collection se propose de contribuer à la connaissance de tous les aspects du droit international, branche du droit qui, au fil des ans, tient une place croissante au sein des disciplines juridiques.

Déjà parus

Nicolas Eskenazi, *La lutte contre le financement du terrorisme et les dynamiques nouvelles du droit international*, volume 1 et volume 2, 2021.

Suzanne Azizé, *L'organisation de la coopération islamique (OCI)*, 2021.

Nadia Belrhomari, *Génome humain, espèce humaine et droit*, 2013.

SİNEM YARGIÇ

LA VISIBILITÉ DES FEMMES AU PARLEMENT TURC

ORDRE JURIDIQUE INTERNATIONAL ET ORDRE JURIDIQUE TURC

L'Harmattan

Du même auteur:

Les conventions onusiennes des droits de l'homme Analyse et perspectives, Paris, L'Harmattan, 2018.

L'influence du droit conventionnel européen des droits de l'homme sur l'ordre juridique interne turc, Paris, L'Harmattan, 2013.

5-7, rue de l'École-Polytechnique – 75005 Paris
www.editions-harmattan.fr
ISBN : 978-2-343-24884-4
EAN : 9782343248844

SOMMAIRE

LISTE DES ABRÉVIATIONS

APCE : Assemblée parlementaire du Conseil de l'Europe

AKP : Parti de la justice et du développement

CEDAW : Committee on The Elimination of Discrimination Against Women, Convention on the Elimination of All Forms of Discrimination against Women, Comité pour l'élimination de la discrimination à l'égard des femmes

CEDEF: Convention pour l'élimination de la discrimination à l'égard des femmes, Comité pour l'élimination de la discrimination à l'égard des femmes

CHP : Parti républicain du peuple

CM : Comité des Ministres du Conseil de l'Europe

CSW : Commission de la condition de la femme des Nations Unies

DAW : Division de la promotion de la femme

DİSK : Confédération des syndicats progressistes de Turquie

DUDH : Déclaration universelle des droits de l'homme

ECOSOC: Conseil économique et social

HAK-İŞ : Confédération des syndicats turcs authentiques

HCDH : Haut Commissariat des Nations Unies aux droits de l'homme

HDP : Parti démocratique des peuples

INSTRAW : Institut international de recherche et de formation pour la promotion de la femme

IPU : Inter-Parliamentary Union

İYİ : Bon parti

KA.DER : Association de soutien aux femmes candidats

KAMU-SEN : Confédération turque des associations d'employés du secteur public

KESK : Confédération des syndicats des salariés publics

MHP : Parti d'action nationaliste

NU : Nations Unies

OIT : Organisation internationale du Travail

ONG : Organisations non gouvernementales

ONU : Organisation des Nations Unies

ONU-Femmes : Entité des Nations Unies pour l'égalité des sexes et l'autonomisation des femmes

OSAGI : Bureau de Conseillère spéciale pour la problématique hommes-femmes

OSCE/BIIDH : Bureau des institutions démocratiques et des droits de l'homme de l'Organisation pour la sécurité et la coopération en Europe

PACE : Parliamentary Assembly of the Council of Europe

PIDCP : Pacte international relatif aux droits civils et politiques

PIDESC : Pacte international relatif aux droits économiques, sociaux et culturels

TBB : Association du Barreau de Turquie

TESK : Confédération des commerçants et artisants de Turquie

TİSK : Confédération turque des associations d'employeurs

TOBB : Union des chambres et des bourses de marchandises de Turquie

TÜRK-İŞ : Confédération des syndicats turcs

TÜSİAD : Association des Industriels et Hommes d'affaires turcs

TZOB : Union des chambres agricoles de Turquie

UIP : Union Interparlementaire

UNIFEM : Fonds de développement des Nations unies pour la femme

INTRODUCTION

Alors que les femmes représentent la moitié de la population mondiale, elles sont sous-représentées à la vie politique. L'Union Interparlementaire déclare que « avec une moyenne mondiale de 25 pour cent de femmes, la plupart des parlements restent dominés par les hommes, et les femmes parlementaires sont souvent sous-représentées dans les organes de décision[1] ».

Comme indiqué dans la Recommandation générale no 23 du Comité pour l'élimination de la discrimination à l'égard des femmes, « une société dans laquelle les femmes sont exclues de la vie publique et de la prise de décisions ne peut être tenue pour démocratique. Le concept de démocratie n'aura de signification réelle et dynamique et d'effet durable que lorsque les décisions politiques seront prises à la fois par les femmes et par les hommes et tiendront également compte des intérêts des unes et des autres[2] ».

Selon le Comité, « l'adoption de mesures temporaires spéciales visant à favoriser la participation des femmes et des hommes à la vie publique dans des proportions égales sont des conditions préalables indispensables à une authentique égalité politique[3] ». Pour cette raison, aux termes de l'article 4 de la Convention pour l'élimination de la discrimination à l'égard des femmes, le Comité encourage le recours à des mesures temporaires spéciales afin de donner plein effet à l'article 7 relatif à la vie politique et publique.

---

[1] UIP, Egalité des sexes, https://www.iup.org.fr/notre-impact/egalité-des-sexes (page consultée le 9 novembre 2021).

[2] CEDEF, Recommandation générale no 23 : La vie politique et publique, A/52/38, 1997, par.14.

[3] *Ibid.*, par. 15.

D'après la Recommandation générale no 25 du Comité pour l'élimination de la discrimination à l'égard des femmes, les mesures temporaires spéciales visent à accélérer l'amélioration de la condition de la femme pour instaurer l'égalité de fait ou réelle avec les hommes ; encourager l'évolution structurelle, sociale et culturelle nécessaire pour éliminer les formes et les effets passés et présents de la discrimination à l'égard des femmes et offrir à celles-ci les moyens de la compenser[4]. Dans ce contexte, le Comité fait référence à fixer des quotas parmi les mesures temporaires spéciales mises en œuvre pour permettre aux femmes de participer à la vie publique dans des conditions d'égalité[5].

Le Comité pour l'élimination de la discrimination à l'égard des femmes aussi note que « les partis politiques doivent adopter les principes de l'égalité de chance et de la démocratie et s'efforcer d'équilibrer le nombre de candidatures d'hommes et de femmes[6] ».

Selon le Comité, les États parties doivent faire en sorte que leur constitution et leur législation soient conformes aux principes de la Convention pour l'élimination de la discrimination à l'égard des femmes et, en particulier, à ceux énoncés à l'article 7 ; ils doivent prendre toutes les mesures appropriées et, en particulier, promulguer des lois conformes à leur constitution pour que des entités comme les partis politiques qui ne sont pas toujours soumis directement à l'obligation de respecter la

---

[4] CEDEF, Recommandation générale no 25 : Premier paragraphe de l'article 4 de la Convention (Mesures temporaires spéciales), Trentième session, 2004, par.15.

[5] CEDEF, Recommandation générale no 23 : La vie politique et publique, *op.cit*, par.15 ; CEDAW, General Recommendation no: 25 : Article 4, paragraph 1 of the Convention (temporary special measures), Thirtieth session, 2014, par.22.

[6] CEDEF, Recommandation générale no 23 : La vie politique et publique, *op.cit.*, par.22.

Convention, n'exercent pas de discrimination à l'égard des femmes et respectent les principes énoncés à l'article 7[7]. En plus, les États parties doivent élaborer et mettre en œuvre des mesures temporaires spéciales qui garantissent aux femmes une représentation égale à celle des hommes dans tous les domaines stipulés à l'article 7[8].

La participation équilibrée des femmes et des hommes à la prise de décision politique et publique est aussi une priorité pour le Conseil de l'Europe. Selon le Conseil de l'Europe, « la participation équilibrée des femmes et des hommes à la prise de décision politique et publique est une condition de la justice et de la démocratie[9] ». Pour cette raison, le Conseil de l'Europe a adopté plusieurs résolutions et recommandations dans le domaine de la participation équilibrée des femmes et des hommes à la prise de décision politique et publique. Outre les travaux normatifs, ses travaux dans ce domaine également couvrent « la mise en œuvre des normes existantes » et « des politiques de soutien visant à la réalisation de la parité[10] ».

Les femmes turques ont obtenu le droit de vote et celui d'être élue au parlement dès 1934, et la représentation parlementaire des femmes a commencé en 1935. La Turquie a adhéré à la Convention pour l'élimination de la discrimination à l'égard des femmes en 1985. La Turquie est aussi un membre du Conseil de l'Europe depuis 1950. Cependant, la représentation politique des femmes au Parlement turc est encore

---

[7] *Ibid.,* pars. 41, 42.

[8] *Ibid.,* par.43.

[9] Conseil de l'Europe, « Assurer une participation équilibrée des femmes et des hommes à la prise de décision politique et publique », https://www.coe.int/fr/web/genderequality/balanced-participation, (page consultée le 1er octobre 2020).

[10] *Loc.cit.*

insuffisante. La représentation parlementaire des femmes est inférieure à la moyenne mondiale.

En face de cette situation, il est nécessaire de déterminer si la Turquie doit adopter un système de quotas pour renforcer la représentation politique des femmes au parlement. Dans ce cadre, il faut aussi examiner si la législation turque, y compris la Constitution, est conforme aux règles et aux normes internationales/régionales sur la participation des femmes à la vie politique.

Par conséquent, dans le cadre de ce travail, on va d'abord étudier les instruments et les plans d'actions onusiens relatifs à l'égalité hommes-femmes (Titre I), l'adaptation de la Turquie aux normes internationales/régionales relatives à la participation des femmes à la vie politique (Titre II), et ensuite examiner la nécessité d'une réforme législative pour renforcer la représentation parlementaire des femmes (Titre III).

TITRE I

LES INSTRUMENTS ET LES PLANS D'ACTIONS ONUSIENS RELATIFS À L'ÉGALITÉ HOMMES-FEMMES

Depuis sa création en 1945, l'ONU a une grande contribution à l'élaboration des normes internationales et des plans d'actions internationaux concernant l'égalité hommes-femmes. L'égalité des sexes est proclamée dans les différents articles de la Charte des Nations Unies qui est l'instrument constitutif de l'ONU.

L'égalité de droits des hommes et des femmes est premièrement mentionnée dans le Préambule de la Charte. Dans le Préambule, les peuples des Nations Unies déclarent qu'ils sont résolus à proclamer à nouveau leur foi dans les droits fondamentaux de l'homme, dans la dignité et la valeur de la personne humaine, dans l'égalité de droits des hommes et des femmes, ainsi que des nations, grandes et petites.

« Réaliser la coopération internationale [...] en développant et en encourageant le respect des droits de l'homme et des libertés fondamentales pour tous, sans distinctions de race, de sexe, de langue ou de religion » est déclaré comme l'un des buts des Nations Unies dans l'article 1 de la Charte de l'ONU.

Selon l'article 13 de la Charte, l'Assemblée générale des Nations Unies provoque des études et fait des recommandations en vue de développer la coopération internationale dans les domaines économique, social, de la culture intellectuelle et de l'éducation, de la santé publique, et faciliter pour tous, sans distinction de race, de sexe, de langue ou de religion, la jouissance des droits de l'homme et des libertés fondamentales[11].

---

[11] L'article 13 (1) (b) de la Charte des Nations Unies.

L'article 55 de la Charte affirme que, en vue de créer les conditions de stabilité et de bien-être nécessaires pour assurer entre les nations des relations pacifiques et amicales, les Nations Unies favoriseront le respect universel et effectif des droits de l'homme et des libertés fondamentales pour tous, sans distinction de race, de sexe, de langue ou de religion[12].

Comme la Charte de l'ONU ne contenait pas une liste des droits de l'homme, la Déclaration universelle des droits de l'homme (DUDH) a été adoptée par l'Assemblée générale le 10 décembre 1948. Le préambule de la Déclaration rappelle que dans la Charte les peuples des Nations Unies ont proclamé à nouveau leur foi dans les droits fondamentaux de l'homme, dans la dignité et la valeur de la personne humaine, dans l'égalité des droits des hommes et des femmes.

La DUDH affirme que chacun peut se prévaloir de tous les droits et de toutes les libertés proclamés dans la Déclaration, sans distinction aucune, notamment de race, de couleur, de sexe, de langue, de religion, d'opinion politique ou de toute autre opinion, d'origine nationale ou sociale, de fortune, de naissance ou de toute autre situation[13].

Selon l'ONU, « la plupart des principaux instruments internationaux relatifs aux droits de l'homme ont été

---

[12] L'article 55 (c) de la Charte des Nations Unies. Dans l'article 76 (c) de la Charte, l'une des fins essentielles du régime de tutelle est encourager le respect des droits de l'homme et des libertés fondamentales pour tous, sans distinction de race, de sexe, de langue ou de religion, et développer le sentiment de l'interdépendance des peuples du monde.

[13] L'article 2 (1) de la DUDH. L'article 16 (1) de la DUDH stipule le suivant : « À partir de l'âge nubile, l'homme et la femme, sans aucune restriction quant à la race, la nationalité ou la religion, ont le droit de se marier et de fonder une famille. Ils ont des droits égaux au regard du mariage, durant le mariage et lors de sa dissolution ».

rédigés sur le modèle de la Charte des Nations Unies et de la Déclaration universelle des droits de l'homme, selon lesquelles les droits de l'homme doivent être garantis ' sans distinction aucune, notamment...de sexe'[14] ».

Dans ce cadre, il faut mentionner deux conventions élaborées par la Commission des droits de l'homme pour élucider les principes de la DUDH : Le Pacte international relatif aux droits civils et politiques (PIDCP) et le Pacte international relatifs aux droits économiques, sociaux et culturels (PIDESC). Ils ont été adoptés par l'Assemblée générale le 16 décembre 1966.

La DUDH, le PIDESC et le PIDCP constituent ensemble la Charte internationale des droits de l'homme. La Charte est définie par l'ONU comme « un jalon dans l'histoire des droits de l'homme » et « une véritable Magna Carta marquant l'arrivée de l'humanité à une étape cruciale : l'acquisition consciente par l'homme de sa dignité et de sa valeur[15] ».

Selon l'article 2 du PIDCP, les États parties au PIDCP s'engagent à respecter et à garantir à tous les individus se trouvant sur leur territoire et relevant de leur compétence les droits reconnus dans le Pacte, sans distinction aucune, notamment de race, de couleur, de sexe, de langue, de religion, d'opinion politique ou de toute autre opinion, d'origine nationale ou sociale, de fortune, de naissance ou de toute autre situation[16].

L'article 2 du PIDESC stipule également que les États parties au PIDESC s'engagent à garantir que les droits qui y sont énoncés seront exercés sans discrimination aucune

---

[14] Nations Unies, *Les Nations Unies et les droits de l'homme 1945-1995*, Série livres bleus des Nations Unies, Volume VII, New York, 1995, p.94.

[15] ONU, La Charte internationale des droits de l'homme, Fiche d'information No.2 (Rev.1), Geneva, June 1996.

[16] L'article 2 (1) du PIDCP.

fondée sur la race, la couleur, le sexe, la langue, la religion, l'opinion politique ou toute autre opinion, l'origine nationale ou sociale, la fortune, la naissance ou toute autre situation[17].

Selon l'article 3 du PIDCP, les États parties au Pacte s'engagent à assurer le droit égal des hommes et des femmes de jouir de tous les droits civils et politiques énoncés dans le PIDCP. L'article 3 du PIDESC aussi affirme que les États parties au PIDESC s'engagent à assurer le droit égal qu'ont l'homme et la femme au bénéfice de tous les droits économiques, sociaux et culturels qui sont énumérés dans le Pacte.

La Commission de la condition de la femme des Nations Unies (CSW) était d'abord créée comme une sous-commission de la Commission des droits de l'homme. Le Conseil économique et social (ECOSOC) a décidé de conférer à la sous-commission de la condition de la femme, le statut de commission par sa résolution adoptée le 21 juin 1946.

Par la résolution 11(II), la CSW avait des fonctions de présenter des recommandations et rapports au ECOSOC dans les domaines politique, économique, social et de l'instruction et formuler également des recommandations sur les problèmes présentant un caractère d'urgence dans le domaine des droits de la femme[18].

Dans les premières années de sa création, la Commission a contribué à l'élaboration de la DUDH[19]. Après l'adoption de la DUDH, elle a spécialement

---

[17] L'article 2 (2) du PIDESC.

[18] Le paragraphe 1 de la résolution 11(II) de l'ECOSOC, E/RES/2/11, 21 juin 1946.

[19] Selon l'ONU, l'adoption de la DUDH par l'Assemblée générale était à la fois une victoire et un moment décisif pour la Commission de la condition de la femme. Voir United Nations, *The United Nations and The Advancement of Women 1945-1966*, The United Nations Blue Book Series, Volume VI, New York, 1996, pp.15-16, para.55.

concentré ses travaux sur la codification des instruments relatifs aux droits des femmes comme la Convention sur les droits politiques de la femme, la Convention sur la nationalité de la femme mariée et la Convention sur le consentement au mariage, l'âge minimum du mariage et l'enregistrement des mariages, etc.[20]

Ces premières conventions internationales traitent spécialement certains problèmes concernant des droits des femmes[21]. L'adoption de la Convention sur les droits

---

[20] La Convention sur les droits politiques de la femme a été adoptée par l'Assemblée générale le 20 décembre 1952 et elle était entrée en vigueur le 7 juillet 1954. La Convention sur la nationalité de la femme mariée a été adoptée par l'Assemblée générale le 29 janvier 1957 et elle était entrée en vigueur le 11 août 1958. La Convention sur le consentement au mariage, l'âge minimum du mariage et l'enregistrement des mariages a été adoptée par l'Assemblée générale le 7 novembre 1962 et elle était entrée en vigueur le 9 décembre 1964. La CSW a aussi contribué à l'élaboration la Convention concernant l'égalité de rémunération entre la main d'œuvre masculine et la main-d'œuvre féminine pour un travail de valeur égale (la Convention sur l'égalité de rémunération) de l'Organisation Internationale de Travail (OIT). La Convention sur l'égalité de rémunération mariée a été adoptée par l'OIT le 29 juin 1951 et elle était entrée en vigueur le 23 mai 1953. Voir Nations Unies, Etat des traités, Chapitre XVI: Conditions de la femme, https://treaties.un.org/Pages/Treaties.aspx?id=16&subid=A&clang_fr (page consultée le 9 janvier 2019). OIT, Convention (n°100) sur l'égalité de rémunération, https://www.ilo.org/dyn/normlex/fr/f?p=NORMLEXPUB:12100:::NO:12100:P12 100_ILO_CODE:C100:NO (page consultée le 14 janvier 2019).

[21] Minor explique la différence de la Convention sur l'élimination de toutes les formes de discrimination à l'égard des femmes et ces premières conventions relatives aux droits des femmes comme suivant : «...Prior human rights treaties have specifically adressed women's issues, but non have done such a comprehensive way » Minor (J.A.), « An Analysis of Structual Weaknesses in the Convention on the Elimination of All Forms of Discrimination against Women », in *Georgia Journal of International & Comparative Law*, 1994, Vol.24, No.1, pp.138-139.

politiques de la femme est très importante pour la reconnaissance des droits politiques des femmes dans le cadre universel. Comme souligne l'ONU, la Convention sur les droits politiques de la femme est « le premier instrument de droit international à reconnaître et protéger les droits politiques des femmes[22] ».

Dans le préambule de la Convention, les parties contractantes déclarent qu'ils souhaitent mettre en œuvre le principe de l'égalité de droits des hommes et des femmes contenu dans la Charte des Nations Unies et accorder aux hommes et aux femmes l'égalité dans la jouissance et l'exercice des droits politiques, conformément à la Charte des Nations Unies et aux dispositions de la DUDH[23].

Selon la Convention, les femmes auront, dans des conditions d'égalité avec les hommes, le droit de vote dans toutes les élections sans aucune discrimination; seront, dans des conditions d'égalité avec les hommes, éligibles à tous les organismes publiquement élus, constitués en vertu de la législation nationale, sans aucune discrimination[24].

Elles auront, dans des conditions d'égalité, le même droit que les hommes d'occuper tous les postes publics et d'exercer toutes les fonctions publiques établies en vertu de la législation nationale, sans aucune discrimination[25]. Malgré son importance, il faut aussi noter que cette convention garantit l'égalité de jure entre hommes et

---

[22] United Nations, *The United Nations and the Advancement of Women 1945-1966, op.cit.*, pp.17-18.

[23] Au 23 janvier 2019, le total des États parties à la Convention est 123. Nations Unies, Convention sur les droits politiques de la femme, https://treaties.un.org/pages/ViewDetails.aspx?src=TREATY&mtdsg_no= XVI-1& chapter=16&clang=_fr (page consultée le 23 janvier 2019).

[24] Les articles 1 et 2 de la Convention.

[25] L'article 3 de la Convention.

femmes plutôt que l'égalité de fait entre hommes et femmes[26].

En 1963, l'Assemblée générale a prié l'ECOSOC de demander à la CSW de préparer un projet de déclaration sur l'élimination de la discrimination à l'égard des femmes, en vue de son examen par l'Assemblée générale. Dans sa résolution, l'Assemblée générale a noté que « dans divers domaines il subsiste encore, en fait sinon en droit, une forte discrimination à l'encontre des femmes[27] ».

En 1967, l'Assemblée générale a adopté, dans sa résolution 2263 (XXII), la Déclaration sur l'élimination de discrimination à l'égard des femmes. Dans la résolution, elle a constaté que « en dépit de la Charte des Nations Unies, de la Déclaration universelle des droits de l'homme, des Pactes internationaux relatifs aux droits de l'homme et d'autres instruments de l'Organisation des Nations Unies et des institutions spécialisées, et en dépit des progrès accomplis en ce qui concerne l'égalité des droits, les femmes continuent de faire l'objet d'importantes discriminations[28] ».

Selon l'article 4 de la Déclaration, toutes mesures appropriées doivent être prises pour assurer aux femmes, dans des conditions d'égalité avec les hommes, sans aucune discrimination : le droit de voter aux élections et

---

[26] Selon la résolution intitulée « Les femmes et les pouvoir politique » du Conseil interparlementaire de l'Union interparlementaire, « malgré d'indéniables progrès, 40 ans après l'adoption de la Convention sur les droits politiques de la femme, la vie politique et parlementaire reste dominée par les hommes, dans tous les pays du monde ». Voir Union Interparlementaire, Plan d'Action pour remédier aux déséquilibres actuels dans la participation des hommes et des femmes à la vie politique, Paris, 26 mars 1994, http://archive.ipu.org/wmn-f/planactn.htm (page consultée le 23 janvier 2019).

[27] L'Assemblée générale, A/RES/1921(XVIII), 5 décembre 1963.

[28] L'Assemblée générale, A/RES/2263(XXII), 7 novembre 1967.

d'être éligibles à tous les organismes publiquement élus ; le droit de vote dans tous les référendums publics ; le droit d'occuper des emplois publics et d'exercer les fonctions publiques. Tous ces droits doivent être garantis par la législation.

Dans l'article 11 de la Déclaration, il est déclaré qu'il est indispensable que le principe de l'égalité de droits des hommes et des femmes soit mis en œuvre dans tous les États, conformément aux principes de la Charte de l'ONU et de la DUDH. Par conséquent, dans le même article, les gouvernements, les organisations non gouvernementales et les individus sont invités à faire tout ce qui est en leur pouvoir pour promouvoir l'application des principes contenus dans la Déclaration.

En plus de ces travaux normatifs, plusieurs initiatives ont aussi été prises par l'ONU pour la promotion des droits de la femme dans le cadre universel au cours des décennies. L'organisation des conférences mondiales, l'adoption des stratégies ou des plans d'action, la création des organes relatifs aux droits de la femme peuvent être citées parmi ces initiatives importantes[29].

---

[29] Depuis sa création, la CSW a été appuyée par une unité des NU qui s'était transformée à la Division de la promotion de la femme (DAW) en 1978. Le Fonds de développement des Nations unies pour la femme (UNIFEM) a été créé en 1974. L'Institut international de recherche et de formation pour la promotion de la femme (INSTRAW) a été créé par l'Assemblée générale en 1976. Le Bureau de Conseillère spéciale pour la problématique hommes-femmes (OSAGI) a été créé en 1997. Par sa résolution 64/289, l'Assemblée générale a décidé de fusionner ces quatre entités pour créer l'Entité des Nations Unies pour l'égalité des sexes et l'autonomisation des femmes (ONU-Femmes) au 2 juillet 2010. Voir Nations Unies, *Les Nations Unies et les droits de l'homme 1945-1995*, *op.cit.*, p.89 ; UN Women, A Short History of the Commission on the Status of Women, New York, January 2019, pp.4,15; Nations Unies, L'égalité des sexes, https://www.un.org/fr/gender-equality/index.html (page consultée le 6 juillet 2019).

L'Assemblée générale des Nations Unies a proclamé l'année 1975 « Année internationale de la femme » par sa résolution 3010 (XXVII) en 1972[30]. La première conférence mondiale sur les femmes intitulée « la Conférence mondiale de l'Année internationale de la femme » s'était organisée par l'ONU à Mexique en 1975. À la fin de la conférence, un plan d'action mondial a été adopté pour la mise en œuvre des objectifs de l'Année internationale[31]. Le Plan d'action mondiale a déclaré les lignes directives de l'action nationale pour réaliser les objectifs de l'Année internationale dans la période entre 1975 et 1985[32].

La participation politique des femmes a été mentionnée parmi les domaines spécifiques de l'action nationale[33]. Il a été déclaré qu'un des principaux objectifs de ce plan est de faire en sorte que les femmes aient, en droit et en fait, des droits égaux et des chances égales à celles des hommes pour voter et participer à la vie publique et politique au niveau national, local et communautaire[34].

Dans la conférence, il a aussi été recommandé qu'une priorité élevée devrait être accordée à l'élaboration et l'adoption de la Convention sur l'élimination de toutes les formes de discrimination à l'égard des femmes qui devrait

---

[30] L'Assemblée générale, A/RES/3010 (XXVII), 18 décembre 1972.

[31] ONUFemmes, Conferences mondiales sur les femmes, http://www.unwomen.org/fr/how-we-work/intergovernmental-support /world-conferenceson-women#mexico, (page consultée le 25 janvier 2019).

[32] United Nations, Report of the World Conference of the International Women's Year Mexico City 19 June- 2 July 1975, E/CONF.66/34, New York, 1976, p. 3, par.26.

[33] *Ibid.*, pp. 19-20.

[34] *Ibid.,* par.58.

assurer dans la pratique la pleine égalité entre hommes et femmes[35].

En 1975, l'Assemblée générale a proclamé la période 1976-1985 Décennie des Nations Unies sur les femmes : égalité, développement et paix. Il a décidé de convoquer en 1980, au milieu de Décennie des Nations Unies sur les femmes, une conférence mondiale de tous les États en vue d'examiner et d'évaluer les progrès accomplis en ce qui concerne la réalisation des objectifs de l'Année internationale des femmes[36].

En 1976, elle a approuvé le Programme de la Décennie des Nations sur les femmes qui a prévu l'adoption de la Convention sur l'élimination de toutes les formes de discrimination à l'égard des femmes et son entrée en vigueur pendant la première moitié de la Décennie, entre 1976 et 1980[37].

Dans sa résolution 31/136, elle a aussi demandé aux gouvernements de prendre des mesures en vue d'assurer une participation égale et effective des femmes à la vie politique, économique, sociale et culturelle ainsi qu'au processus de prise de décisions aux échelons local, national, régional et international[38].

L'Assemblée générale a adopté « la Convention sur l'élimination de toutes les formes de discrimination à l'égard des femmes » (CEDEF) par sa résolution 34/180 en 1979[39]. Dans cette résolution, elle a prié le Secrétaire général de présenter le texte de la CEDEF à la Conférence mondiale de la Décennie des Nations Unies pour la femme, pour son information[40].

---

[35] *Ibid.*, p.37, 102; par.198.

[36] L'Assemblée générale, A/RES/3520 (XXX), 15 décembre 1975, paras. 2, 20.

[37] L'Assemblée générale, A/RES/31/136, 16 décembre 1976, par.1.

[38] *Ibid.*, par.3.

[39] L'Assemblée générale, A/RES/34/180, 18 décembre 1979.

[40] *Ibid.*, par.3.

L'adoption de la CEDEF constitue une étape décisive dans l'évolution des normes internationales concernant l'égalité hommes-femmes[41]. À la différence des autres instruments internationaux à portée générale qui interdissent toutes les formes de discrimination, comme la Charte internationale des droits de l'homme, la CEDEF est le premier instrument international qui définit spécifiquement la discrimination sexuelle[42]. Comme un instrument international à portée spécifique, l'objectif de la CEDEF est l'élimination de toutes les formes de discrimination à l'égard des femmes fondée sur le sexe.[43]

Selon l'article 1 de la Convention, l'expression « discrimination à l'égard des femmes » vise toute distinction, exclusion ou restriction fondée sur le sexe qui a pour effet ou pour but de compromettre ou de détruire la reconnaissance, la jouissance ou l'exercice par les

---

[41] Sénat, Rapport d'information no 384 (1996-1997) de M. Philippe Richert fait au nom de la mission commune d'information, 7 juillet 1997, pp.186-187.

[42] United Nations, *The United Nations and the Advancement of Women 1945-1966, op.cit.*, p.41. Sudre fait une distinction entre les instruments à portée générale et les instruments à portée spécifique. Selon lui, « les textes à portée générale procèdent d'une démarche globale et systématique » et les instruments/textes à portée spécifique « relèvent d'une démarche analytique qui traduit une tendance à un morcellement de l'homme : ce sont des droits particuliers ou des catégories particulières d'individus qui sont ainsi protégés ». La DUDH, le PIDCP, le PIDESC peuvent être cités comme les instruments à portée générale. On peut citer la Convention sur les droits politiques de la femme, la Déclaration sur l'élimination de discrimination à l'égard des femmes, la CEDEF etc. comme les instruments à portée spécifique. Voir Sudre (Frédéric), *Droit européen et international des droits de l'homme*, Paris, Presses Universitaires de France, 2003, pp.128,130.

[43] CEDAW, Recommandation générale no 28 concernant les obligations fondamentales des Etats parties découlant de l'article 2 de la Convention sur l'élimination de toutes les formes de discrimination à l'égard des femmes, CEDAW/C/GC/28, 16 décembre 2010, par.4.

femmes, quel que soit leur état matrimonial, sur la base de l'égalité de l'homme et de la femme, des droits de l'homme et des libertés fondamentales dans les domaines politique, économique, social, culturel et civil ou dans tout autre domaine.

Comme le souligne l'ONU, « (Les) efforts en faveur de la cause des femmes ont trouvé leur expression concrète dans plusieurs déclarations et conventions, et notamment dans la CEDEF qui est l'instrument juridique fondamental le plus complet » ; la CEDEF est définie comme « la Charte internationale des droits de la femme »[44].

À la différence de la Déclaration sur l'élimination de discrimination à l'égard des femmes qui est aussi un instrument international à portée spécifique, la CEDEF est un instrument juridique contraignant parce qu'elle est une convention internationale[45]. Selon l'ONU, la nécessité d'une convention internationale juridiquement contraignante définissant les droits des femmes a largement découlé de la perception selon laquelle les

---

[44] ONU, La Convention sur l'élimination de toutes les formes de discrimination à l'égard des femmes, http://www.un.org/womenwatch/daw/cedaw/text/fconvention.htm (page consultée le 24 février 2019) ; UN Women, A Short History of the Commission on the Status of Women, *op.cit*, p. 9.

[45] Sudre fait une distinction entre les textes déclaratoires (les déclarations internationales) et les textes conventionnels (les conventions). Alors que les déclarations internationales ne sont pas des instruments juridiques contraignants, « les textes conventionnels ont vocation à avoir un caractère obligatoire et à traduire la volonté des États de s'engager de façon explicite dans le domaine des droits de l'homme ». Il explique que « les textes déclaratoires sont insusceptibles de faire naitre des droits au bénéfice des individus et des obligations juridiques à la charge des États et ne présentent, prima facie, qu'une portée purement morale ou politique » Voir Sudre (Frédéric), *op.cit.*, pp.170, 174.

tentatives de mise en œuvre la Déclaration étaient limités[46].

Dans le préambule de la CEDEF, il est rappelé que la discrimination à l'encontre des femmes viole les principes de l'égalité des droits et du respect de la dignité humaine, qu'elle entrave la participation des femmes, dans les mêmes conditions que les hommes, à la vie politique, sociale, économique et culturelle de leur pays, qu'elle fait obstacle à l'accroissement du bien-être de la société et de la famille et qu'elle empêche les femmes de servir leur pays et l'humanité dans toute la mesure de leurs possibilités.

Il est noté que le rôle traditionnel de l'homme dans la famille et dans la société doit évoluer autant que celui de la femme si on veut parvenir à « une réelle égalité de l'homme et de la femme ». Les États parties aussi déclarent qu'ils sont résolus à mettre en œuvre les principes énoncés dans la Déclaration sur l'élimination de la discrimination à l'égard des femmes.

Les États parties à la CEDEF reconnaissent à la femme l'égalité avec l'homme devant la loi[47]. Ils doivent prendre dans tous les domaines, notamment dans les domaines politique, social, économique et culturel, toutes les mesures appropriées, y compris des dispositions législatives, pour assurer le plein développement et le progrès des femmes, en vue de leur garantir l'exercice et la jouissance des droits de l'homme et des libertés fondamentales sur la base de l'égalité avec les hommes[48].

---

[46] Selon l'ONU, la Déclaration a fait progresser le mouvement pour les droits des femmes mais ses effets dans la pratique étaient limités. Voir United Nations, *The United Nations and the Advancement of Women 1945-1966*, *op.cit.*, p.30, par.114.

[47] L'article 15 de la CEDEF.

[48] L'article 3 de la CEDEF.

En vue d'assurer l'égalité hommes-femmes, les États parties sont dans l'obligation de prendre toutes les mesures appropriées pour éliminer la discrimination à l'égard des femmes dans les domaines de la participation à la vie politique et publique, la participation aux travaux des organisations internationales, l'éducation, la vie culturelle, l'emploi, la vie économique et sociale, des soins de santé, du droit de la famille[49].

En ce qui concerne la participation politique des femmes, les États parties à la CEDEF doivent assurer aux femmes, dans des conditions d'égalité avec les hommes, le droit de voter à toutes les élections et dans tous les référendums publics et être éligibles à tous les organismes publiquement élus ; de prendre part à l'élaboration de la politique de l'État et à son exécution, occuper des emplois publics et exercer toutes les fonctions publiques à tous les échelons du gouvernement; de participer aux organisations et associations non gouvernementales s'occupant de la vie publique et politique du pays[50].

Les États parties doivent assurer non seulement l'égalité de jure mais aussi l'égalité de fait entre les hommes et les femmes. L'adoption par les États parties de mesures temporaires spéciales visant à accélérer l'instauration d'une égalité de fait hommes-femmes n'est pas considérée comme un acte de discrimination tel qu'il est défini dans la CEDEF, mais ne doit en aucune façon avoir pour conséquence le maintien de normes inégales ou distinctes. Les mesures temporaires spéciales doivent être

---

[49] Les articles 7, 8, 10, 5, 11, 13, 12, 16. D'après l'article 5, les États parties doivent prendre toutes les mesures appropriées pour modifier les schémas et modèles de comportement socio-culturel de l'homme et de la femme en vue de parvenir à l'élimination des préjugés et des pratiques coutumières, ou de tout autre type, qui sont fondés sur l'idée de l'infériorité ou de la supériorité de l'un ou l'autre sexe ou d'un rôle stéréotypé des hommes et des femmes.

[50] L'article 7 de la CEDEF.

abrogées dès que les objectifs en matière d'égalité de chances et de traitement ont été atteints[51].

Par conséquent, la CEDEF vise à instaurer une réelle égalité hommes-femmes par des mesures temporaires spéciales/mesures de discrimination positive. Comme mentionné dans le rapport d'information de Richert, « À partir de l'adoption de la Convention des Nations unies sur l'élimination de toutes les formes de discrimination à l'égard des femmes, la réflexion internationale s'oriente vers le thème de l'amélioration de la représentation politique des femmes, mettant en évidence les thèmes de la discrimination positive et de la démocratie paritaire[52] ».

La Conférence mondiale dans le cadre de décennie des Nations Unies pour la femme s'était organisée à Copenhague en 1980. Dans le rapport de la conférence, il a été mentionné que tous les efforts devraient être faits pour adopter, avant la fin de la décennie, une législation garantissant aux femmes le droit de vote et d'être éligibles ou d'être nommées à des fonctions publiques et d'exercer des fonctions publiques à égalité avec les hommes, dans les cas où cette législation n'existe pas déjà. Selon le rapport, les partis politiques devraient être encouragés à désigner des femmes candidates à des postes qui leur donnent la possibilité d'être élues à égalité avec les hommes[53].

En ce qui concerne la participation des femmes aux processus politiques et décisionnels, il a été déclaré que les gouvernements et les partis politiques devraient, le cas échéant, établir des objectifs, des stratégies et des

---

[51] L'article 4 de la CEDEF.

[52] Sénat, Rapport d'information no 384 (1996-1997) de M. Philippe Richert fait au nom de la mission commune d'information, *loc.cit.*

[53] United Nations Report of the World Conference of the United Nations Decade for Women: Equality, Development and Peace Copenhagen 14 to 30 July 1980, A/CONF/94/35, New York, 1980, p.21, par.69.

calendriers et entreprendre des activités spéciales en vue d'augmenter, de certains pourcentages, le nombre de femmes qui occupent des emplois publics électifs et nommés et exercent des fonctions publiques afin que les femmes devraient être représentées équitablement[54].

La Conférence de Copenhague a aussi appelé tous les États à ratifier la CEDEF et à prendre toutes les mesures nécessaires pour une mise en œuvre efficace de ses dispositions[55].

La Conférence mondiale chargée d'examiner et d'évaluer les résultats de la Décennie des Nations Unies pour la femme s'était organisée à Nairobi en 1985. À la fin de la conférence, « les stratégies prospectives d'action de Nairobi pour la promotion de la femme » ont été adoptées. Selon l'ONU, les stratégies constituent le principal instrument de politique générale des NU pour la promotion des droits de la femme[56].

Dans le rapport de la conférence, les obstacles rencontrés dans la réalisation des objectifs de la Décennie ont été évalués. Les stratégies fondamentales visant à faire progresser la condition de la femme et les mesures visant à mettre en œuvre de ces stratégies au niveau national ont été adoptées. Ces mesures visaient à concrétiser l'égalité de jure et de facto entre les hommes et les femmes dans les domaines de la participation à la vie sociale, la participation politique et la prise de décision, la participation aux efforts de développement et paix, etc. Les stratégies et les mesures pour la coopération

---

[54] *Ibid.*, par.71.
[55] *Ibid.*, p.90.
[56] Nations Unies, *Les Nations Unies et les droits de l'homme 1945-1995*, *op.cit*, p.91, par.389.

internationale et régionale ont également été déterminées[57].

Dans la section du rapport intitulée « Égalité dans la participation politique et la prise de décision », il a été déclaré que les gouvernements et les partis politiques devraient intensifier leurs efforts pour stimuler et garantir l'égalité de participation des femmes dans tous les organes législatifs nationaux et locaux[58]. Selon le rapport, les partis politiques et les autres organisations telles que les syndicats devraient faire des efforts pour accroître et améliorer la participation des femmes dans leurs rangs[59].

L'Assemblée générale a approuvé les stratégies en soulignant le rôle central de la CSW en ce qui concerne la promotion de la femme. Elle a demandé à la CSW de favoriser la mise en œuvre des stratégies jusqu'en l'an 2000 en fonction de la réalisation des objectifs de la Décennie[60].

En 1990, l'ECOSOC a adopté « les recommandations et conclusions découlant des premiers examen et évaluation de l'application des stratégies prospectives d'action de Nairobi pour la promotion de la femme d'ici à l'an 2000 ». Dans la recommandation VI, l'ECOSOC a demandé aux gouvernements, aux partis politiques, aux syndicats, aux groupes professionnels et aux autres groupes représentatifs d'accroître la représentation des femmes d'au moins 30 % : « Les gouvernements, les partis politiques, les syndicats, les groupes professionnels

---

[57] United Nations, Report of the World Conference to Review and Appraise the Achievements of the United Nations Decade for Women: Equality, Development and Peace Nairobi 15-26 July 1985, A/CONF.116/28/ Rev.1 New York, 1986.

[58] *Ibid.*, p.24, par.86.

[59] *Ibid.*, p.25, par.91.

[60] L'Assemblée générale, A/RES/40/108, Résolution de l'Assemblée générale sur la mise en œuvre des Stratégies prospectives d'action de Nairobi pour la promotion de la femme, 13 décembre 1985, par.13.

et autres groupes représentatifs devraient se donner chacun des objectifs visant à augmenter la proportion des femmes occupant des postes de direction d'au moins 30 pour cent d'ici à 1995, en vue de parvenir à une représentation égale entre hommes et femmes d'ici à l'an 2000, et ils devraient prévoir des programmes de recrutement et de formation pour préparer les femmes à occuper de tels postes[61] ».

L'ONU a organisé la quatrième Conférence mondiale des femmes à Beijing en 1995. La Déclaration et le Programme d'action de Beijing qui consistent des objectives et des actions stratégiques pour la promotion des femmes ont été adoptés à la fin de la conférence. Les objectives et les actions stratégiques étaient relatives aux douze domaines suivants: Femmes et pauvreté, Education et formation des femmes, Femmes et santé, Violence à l'égard des femmes, Femmes et conflits armés, Femmes et économie, Femmes et prise de décisions, Mécanismes institutionnels œuvrant à la promotion de la femme, Droits fondamentaux de la femme, Femmes et médias, Femmes et environnement, Jeunes filles.

Dans la section intitulée « Les femmes et la prise de décisions », l'importance de la participation égale des femmes à la prise de décisions était expliquée comme suit : «...Une participation égale des femmes et des hommes à la prise de décisions établira un équilibre qui correspondra mieux à la composition de la société, ce qui est nécessaire au renforcement de la démocratie et à son bon fonctionnement. L'égalité dans la prise de décisions donnera aux femmes un poids qui seul permettra l'intégration d'une perspective égalitaire dans l'élaboration des politiques. La participation égale à la vie politique sera donc déterminante pour la promotion de la femme. L'égalité de participation aux prises de décisions

---

[61] ECOSOC, Résolution 1990/15, Annexe, Recommandation VI, 24 mai 1990.

n'est pas seulement une simple question de justice et de démocratie ; on peut y voir aussi une condition nécessaire pour que les intérêts des femmes soient pris en considération. Sans une participation active des femmes et la prise en compte de leurs points de vue à tous les niveaux de la prise de décisions, les objectifs d'égalité, de développement et de paix sont impossibles à réaliser[62] ».

La Déclaration a aussi fait référence à la sous-représentation des femmes dans les parlements en soulignant les 30 % déterminés par l'ECOSOC : «...elles ne sont guère plus nombreuses à avoir accédé au pouvoir politique au sein des organes législatifs et l'objectif de parvenir à une proportion de 30 % de femmes aux postes de prise de décisions avant 1995, qu'avait fixé le Conseil économique et social, n'est pas atteint. Dans l'ensemble du monde, seuls 10 % des sièges dans les parlements et un pourcentage encore plus réduit des portefeuilles ministériels sont actuellement détenus par des femmes[63] ».

Selon l'ONU Femmes, la Déclaration et le Programme d'action de Beijing forment un programme pour l'autonomisation des femmes qui est considéré comme « le principal document de politique mondiale en matière d'égalité des sexes[64] ».

---

[62] Nations Unies, Déclaration et Programme d'action de Beijing, 15 septembre 1995, p.84, par.181.

[63] ECOSOC, Résolution 1990/15, Annexe, Recommandation VI, 24 mai 1990. Dans la Conférence, il a été déclaré que « Lorsqu'elles occupent des postes politiques et de responsabilités aux niveaux des gouvernements et des organes législatifs, les femmes exercent une influence qui amène à redéfinir les priorités politiques, à inscrire dans les programmes politiques de nouvelles questions qui reflètent leurs préoccupations spécifiques, leurs valeurs et leurs expériences, et à répondre à ces préoccupations et à éclairer d'un jour nouveau les questions politiques générales ». *Ibid.*, par.182.

[64] ONU Femmes, Conférences mondiales sur les femmes, *loc.cit.*

En 2000, cinq années après la Conférence de Beijing, l'Assemblée générale a adopté une déclaration politique dans laquelle les gouvernements ont réaffirmé leur attachement aux buts et objectifs inscrits dans la Déclaration et le Programme d'action de Beijing et dans les stratégies prospectives d'action de Nairobi pour la promotion de la femme[65].

Les gouvernements ont exprimé leur volonté de surmonter les obstacles qui entravent la mise en œuvre du Programme d'action de Beijing et l'application des stratégies prospectives d'action de Nairobi. Selon la déclaration politique, ils ont engagé à prendre de nouvelles mesures pour accélérer la mise en œuvre intégrale du programme et des stratégies, « en défendant et en protégeant tous les droits de l'homme et toutes les libertés fondamentales, en intégrant, dans toutes politiques et tous programmes, une démarche soucieuse d'équité entre les sexes, en favorisant la participation pleine et entière des femmes et le renforcement de leur pouvoir d'action, et en intensifiant la coopération internationale en vue de la mise en œuvre intégrale du Programme d'action de Beijing[66] ».

Ils ont aussi décidé d'évaluer régulièrement la mise en œuvre du Programme d'action de Beijing et de convoquer de nouveau, en 2005, toutes les parties concernées afin de faire le bilan des progrès accomplis et d'envisager, le cas échéant, de nouvelles initiatives dix ans après l'adoption du Programme d'action de Beijing et vingt ans après celle des stratégies prospectives d'action de Nairobi[67].

---

[65] L'Assemblée générale, Résolution adoptée par l'Assemblée générale sur le rapport du Comité plénier spécial de la vingt-troisième session extraordinaire de l'Assemblée générale (A/S-23/10/Rev.1), A/RES/S-23/2, 16 novembre 2000.

[66] *Ibid.*, par.8.

[67] *Ibid.*, par.9.

L'Assemblée générale des NU a aussi adopté une résolution sur la participation des femmes à la vie politique en 2003. Dans cette résolution, elle a demandé aux États d'abolir les lois, les réglementations et les pratiques qui, de manière discriminatoire, empêchent ou limitent la participation des femmes à la vie politique, et d'appliquer des mesures positives propres à accélérer la réalisation de l'égalité hommes-femmes ; de promouvoir l'objectif de l'équilibre entre hommes et femmes dans toutes les fonctions publiques et de prendre toutes les mesures appropriées pour encourager les partis politiques à faire en sorte que les femmes aient une chance honnête et égale d'être candidates à toutes charges ou fonctions publiques, électives et non électives ; de comparer les incidences des différents modes de scrutin sur la représentation politique des femmes dans les organes électifs et, le cas échéant, d'ajuster ou de réformer le système électoral ; de suivre les progrès de la représentation des femmes à travers la collecte, l'analyse et la diffusion périodiques de données sur la participation politique des femmes et des hommes à tous les niveaux et sur les progrès accomplis par les partis politiques dans le sens de l'égalité des possibilités de participation qu'ils offrent aux femmes ; de mettre au point des mécanismes et des programmes de formation qui encouragent les femmes à prendre part au processus électoral et améliorent leur capacité d'exprimer leur suffrage en toute connaissance de cause lors d'élections libres et régulières[68].

En 2005, la CSW a évalué le Programme d'action de Beijing dix ans après son adoption. Dans sa quarante-neuvième session, les représentants des gouvernements ont adopté une déclaration dans laquelle ils ont mentionné

---

[68] L'Assemblée générale, Résolution adoptée par l'Assemblée générale le 22 décembre 2003, Participation des femmes à la vie politique, A/RES/58/142, 10 février 2004, pp.3-4.

qu'en dépit des progrès accomplis sur la voie de la réalisation de l'égalité entre les sexes, des problèmes et des obstacles ont continué d'entraver l'application de la Déclaration et du Programme d'action. Par conséquent, ils ont déclaré qu'ils se sont engagés à prendre de nouvelles mesures pour assurer l'application intégrale et accélérée de la Déclaration et du Programme d'action[69].

Les représentants ont souligné que l'application intégrale et effective de la Déclaration et du Programme d'action de Beijing était essentielle pour atteindre les objectifs de développement convenus au niveau international, y compris ceux énoncés dans la Déclaration du Millénaire[70].

La CSW a évalué le Programme d'action de Beijing, quinze ans après son adoption, en 2010. Les représentants des États ont adopté une déclaration similaire que leur déclaration adoptée en 2005. Ils ont souligné l'importance de l'application intégrale et effective de la Déclaration et du Programme d'action de Beijing. Ils ont également déclaré qu'ils se sont engagés à prendre de nouvelles mesures pour assurer leur application intégrale et accélérée[71].

En 2009, l'ECOSOC a demandé à la CSW d'étudier la possibilité de procéder, en 2015, à un examen et à une évaluation de la Déclaration et du Programme d'action de Beijing et des textes issus de la vingt-troisième session extraordinaire de l'Assemblée générale[72].

---

[69] ECOSOC, Déclaration rendue publique par la Commission de la condition de la femme à sa quarante-neuvième session, E/CN.6/2005/L.1, 3 mars 2005, par.2.

[70] *Ibid.*, par.3.

[71] ECOSOC, Déclaration à l'occasion du quinzième anniversaire de la quatrième Conférence sur les femmes, E/CN.6/2010/L.1, 24 février 2010, paras. 2-3.

[72] Il a demandé à la CSW d'étudier cette possibilité à sa cinquante-septième session, en 2013. Voir ECOSOC, Future organisation and

L'Assemblée générale des NU a adopté une résolution sur la participation des femmes à la vie politique en 2011[73]. Dans cette résolution, elle a réaffirmé sa résolution de 2003 sur la participation des femmes à la vie politique. Elle a engagé tous les États à l'appliquer intégralement[74]. L'Assemblée générale a également demandé aux États de prendre, entre autres, les mesures suivantes pour permettre aux femmes de participer à la vie politique au même titre que les hommes :

« a) Comparer les incidences des différents modes de scrutin sur la participation des femmes à la vie politique et leur représentation dans les organes électifs et, le cas échéant, à ajuster ou à réformer le système électoral ; b) Prendre toute mesure appropriée pour éliminer les préjugés fondés sur l'idée que l'un ou l'autre des sexes serait inférieur ou supérieur, ou les rôles stéréotypés des hommes et des femmes, qui constituent un obstacle à l'accès et à la participation des femmes à la sphère politique, et à adopter des stratégies visant à les faire participer pleinement à la vie politique ; c) Encourager vivement les partis politiques à éliminer toutes les discriminations qui, directement ou indirectement, font obstacle à la participation des femmes, à développer leur capacité d'analyser les problèmes en prenant en compte la problématique hommes-femmes, et à adopter des politiques susceptibles de promouvoir la capacité des femmes à prendre pleinement part à la prise de décisions à tous les niveaux au sein desdits partis politiques ; d) Faire connaître et à reconnaître l'importance de la participation

---

methods of work of the Commission on the Status of Women, Resolution 2009/15, 28 July 2009, par.3.

[73] L'Assemblée générale, Résolution adoptée par l'Assemblée générale le 19 décembre 2011, Participation des femmes à la vie politique, A/RES/66/130, 19 mars 2012.

[74] *Ibid.*, p.2, par.1.

des femmes au processus politique aux niveaux communautaire, local, national et international ; e) Mettre au point des mécanismes et des programmes de formation visant à inciter les femmes à participer au processus électoral, aux activités politiques et à d'autres activités de direction, et à donner aux femmes les moyens d'exercer des responsabilités publiques en élaborant, en consultation avec elles et à leur intention, des outils appropriés et en leur dispensant la formation nécessaire[75] ».

En 2013, l'ECOSOC a demandé à la CSW d'entreprendre un examen et une évaluation de la mise en œuvre de la Déclaration et du Programme d'action de Beijing en se penchant notamment sur les obstacles qui entravent actuellement la mise en œuvre du Programme d'action et la réalisation de l'égalité entre les sexes et de l'autonomisation des femmes, ainsi que sur les possibilités de faire progresser ces deux objectifs dans le cadre du programme de développement pour l'après-2015, en intégrant à ce texte une démarche soucieuse d'égalité entre les sexes[76].

Il a également demandé à tous les États de procéder à des examens nationaux complets visant à répertorier les progrès accomplis et les obstacles rencontrés dans la mise en œuvre de la Déclaration et du Programme d'action de Beijing. Il a engagé les commissions régionales à entreprendre des examens au niveau régional afin que les résultats des processus intergouvernementaux régionaux puissent alimenter l'examen prévu en 2015[77].

---

[75] *Ibid.*, pp.3-4, par.6.

[76] Il a demandé à la CSW d'entreprendre cet examen à sa cinquante-neuvième session, en 2015. Voir ECOSOC, Future organisation des travaux et méthodes de travail de la Commission de la condition de la femme, E/RES/2013/18, 24 juillet 2013, par.3.

[77] *Ibid.*, par.4.

En 2015, lors de sa cinquante-neuvième session (CSW59), appelée Beijing +20, la CSW a examiné et évalué la mise en œuvre de la Déclaration et du Programme d'action de Beijing, vingt ans après leur adoption à la quatrième Conférence mondiale sur les femmes. À la fin de la cinquante-neuvième session, les représentants de gouvernements ont adopté une déclaration politique proclamée à l'occasion du vingtième anniversaire de la quatrième conférence mondiale sur les femmes.

Dans cette déclaration, les gouvernements se sont félicités les progrès accomplis dans l'action visant à appliquer intégralement la Déclaration et le Programme d'action de Beijing, grâce à l'élaboration de mesures concertées aux niveaux national, régional et mondial, ainsi que les activités d'examen entreprises par les gouvernements à l'occasion du vingtième anniversaire de la quatrième conférence mondiale sur les femmes[78].

Toutefois, ils ont constaté avec préoccupation que les progrès étaient lents et inégaux, que des lacunes de taille demeuraient et que des obstacles, d'ordre structurel notamment, continuaient d'entraver les avancées dans les 12 domaines critiques recensés dans le Programme d'action[79]. Ils ont aussi souligné que vingt ans après la quatrième conférence mondiale sur les femmes, aucun pays n'était parvenu à instaurer l'égalité totale entre les sexes et à autonomiser pleinement les femmes et les filles, que dans le monde les inégalités restaient grandes entre femmes et hommes et entre filles et garçons[80].

---

[78] CSW, Rapport sur les travaux de la cinquante-neuvième session (21 mars 2014 et 9-20 mars 2015), E/2015/27 E/CN.6/2015/10, New York, 2015, p.19, par. 3.

[79] *Ibid.*, pp.19-20, par.4.

[80] *Loc.cit.*

Les gouvernements se sont engagés à prendre de nouvelles mesures concrètes en vue de l'application intégrale, effective et accélérée de la Déclaration et du Programme d'action de Beijing.

Les gouvernements devraient prendre ces mesures pour « renforcer la mise en œuvre des lois, politiques, stratégies et activités de programme en faveur de l'ensemble des femmes et des filles ; renforcer l'appui fourni aux mécanismes institutionnels chargés de favoriser l'égalité des sexes et l'autonomisation des femmes et des filles à tous les niveaux ; faire évoluer les normes discriminatoires et les stéréotypes sexistes et promouvoir des normes et pratiques qui mettent en évidence le rôle positif et la contribution des femmes et éliminent la discrimination à l'égard des femmes et des filles ; accroître sensiblement les investissements afin de remédier au manque de ressources, notamment en cherchant à mobiliser des ressources auprès de toutes les sources possibles, ce qui passe entre autres choses par la mobilisation et l'allocation de ressources au niveau national et par le fait de considérer l'égalité des sexes et l'autonomisation des femmes comme des priorités majeures de l'aide publique au développement, afin de s'appuyer sur les progrès accomplis et de veiller à ce que cette aide soit effectivement mise au service de l'application du Programme d'action ; mieux faire appliquer le principe de responsabilité s'agissant de la tenue des engagements existants ; améliorer les dispositifs de renforcement des capacités, de collecte de données, de suivi et d'évaluation, ainsi que l'accès aux technologies de l'information et des communications et l'utilisation qui en est faite[81] ».

[81] *Ibid.*, par.6.

Ils ont également engagé à faire tout leur possible en vue de la pleine réalisation de l'égalité des sexes et de l'autonomisation des femmes jusqu'en 2030[82].

En 2015, « Transformer notre monde : Le Programme de développement durable à l'horizon 2030 » a été adopté à la fin du Sommet des NU consacré à l'adoption du programme de développement pour l'après-2015[83]. Dans la Déclaration, il a été mentionné que les textes issus de toutes les grandes conférences et réunions au sommet organisées sous l'égide des NU, y compris le Programme d'action de Beijing, ont contribué à façonner le nouveau Programme de développement[84].

Les gouvernements ont déterminé 17 objectifs de développement durable assortis de 169 cibles[85]. Ils ont

---

[82] *Ibid.*, par.13.

[83] Nations Unies, Transformer notre monde: Le Programme de développement durable à l'horizon 2030, A/RES/70/1, 21 octobre 2015.

[84] *Ibid.*, pp.4-5, par.11.

[85] Ces 17 objectifs sont les suivants : « 1) Éliminer la pauvreté sous toutes ses formes et partout dans le monde 2) Éliminer la faim, assurer la sécurité alimentaire, améliorer la nutrition et promouvoir l'agriculture durable 3) Permettre à tous de vivre en bonne santé et promouvoir le bien-être de tous à tout âge 4) Assurer à tous une éducation équitable, inclusive et de qualité et des possibilités d'apprentissage tout au long de la vie 5) Parvenir à l'égalité des sexes et autonomiser toutes les femmes et les filles 6) Garantir l'accès de tous à des services d'alimentation en eau et d'assainissement gérés de façon durable 7) Garantir l'accès de tous à des services énergétiques fiables durables et modernes, à un coût abordable 8) Promouvoir une croissance économique soutenue, partagée et durable, le plein emploi productif et un travail décent pour tous 9) Bâtir une infrastructure résiliente, promouvoir une industrialisation durable qui profite à tous et encourager l'innovation 10) Réduire les inégalités dans les pays et d'un pays à l'autre 11) Faire en sorte que les villes et les établissements humains soient ouverts à tous, sûrs, résilients et durables 12) Établir des modes de consommation et de production durables 13) Prendre d'urgence des mesures pour lutter contre les

déclaré que ces nouveaux objectifs et ces nouvelles cibles entreraient en vigueur le 1er janvier 2016 et orienteraient les décisions qu'ils prendraient au cours des 15 prochaines années[86]. Ils ont aussi souligné que les gouvernements avaient la responsabilité d'assurer le suivi et l'examen, aux plans national, régional et mondial, des progrès accomplis dans la réalisation des objectifs et cibles au cours des 15 prochaines années[87].

Selon la Déclaration, réuni sous les auspices de l'Assemblée générale et de l'ECOSOC, le Forum politique de haut niveau avait un rôle central dans le contrôle du suivi et de l'examen au niveau mondial[88].

L'objectif 5 de développement durable intitulé « Parvenir à l'égalité des sexes et autonomiser toutes les femmes et les filles » est spécialement relatif aux droits des femmes. Cet objectif est assorti de 6 cibles parmi lesquelles se trouve la participation des femmes à la vie politique. La cible 5.5 est mentionnée comme suit : « Veiller à ce que les femmes participent pleinement et effectivement aux fonctions de direction à tous les

---

changements climatiques et leurs répercussions 14) Conserver et exploiter de manière durable les océans, les mers et les ressources marines aux fins du développement durable 15) Préserver et restaurer les écosystèmes terrestres, en veillant à les exploiter de façon durable, gérer durablement les forêts, lutter contre la désertification, enrayer et inverser le processus de dégradation des terres et mettre fin à l'appauvrissement de la biodiversité 16) Promouvoir l'avènement de sociétés pacifiques et inclusives aux fins du développement durable, assurer l'accès de tous à la justice et mettre en place, à tous les niveaux, des institutions efficaces, responsables et ouvertes à tous 17) Renforcer les moyens de mettre en œuvre le Partenariat mondial pour le développement durable et le revitaliser ». *Ibid.*, p.15.

[86] *Ibid.,* p.7, par.21.

[87] *Ibid.,* p.12, par.47.

[88] *Ibid.*, p.13.

niveaux de décision, dans la vie politique, économique et publique, et y accèdent sur un pied d'égalité[89] ».

Selon le Cadre mondial d'indicateurs relatifs aux objectifs et aux cibles du Programme de développement durable à l'horizon 2030, les deux indicateurs relatifs à la cible 5 sont la proportion de sièges occupés par des femmes dans a) les parlements nationaux et b) les administrations locales et la proportion de femmes occupant des postes de direction[90].

---

[89] Les autres cibles sont les suivantes : « 5.1 Mettre fin, partout dans le monde, à toutes les formes de discrimination à l'égard des femmes et des filles 5.2 Éliminer de la vie publique et de la vie privée toutes les formes de violence faite aux femmes et aux filles, y compris la traite et l'exploitation sexuelle et d'autres types d'exploitation 5.3 Éliminer toutes les pratiques préjudiciables, telles que le mariage des enfants, le mariage précoce ou forcé et la mutilation génitale féminine 5.4 Prendre en compte et valoriser les soins et travaux domestiques non rémunérés, par la mise en place de services publics, d'infrastructures et de politiques de protection sociale et par la promotion du partage des responsabilités dans le ménage et la famille, en fonction du contexte national…5.6 Assurer l'accès de tous aux soins de santé sexuelle et procréative et faire en sorte que chacun puisse exercer ses droits en matière de procréation, ainsi qu'il a été décidé dans le Programme d'action de la Conférence internationale sur la population et le développement et le Programme d'action de Beijing et les documents finals des conférences d'examen qui ont suivi 5.a Entreprendre des réformes visant à donner aux femmes les mêmes droits aux ressources économiques, ainsi que l'accès à la propriété et au contrôle des terres et d'autres formes de propriété, aux services financiers, à l'héritage et aux ressources naturelles, dans le respect de la législation interne 5.b Renforcer l'utilisation des technologies clefs, en particulier de l'informatique et des communications, pour favoriser l'autonomisation des femmes 5.c Adopter des politiques bien conçues et des dispositions législatives applicables en faveur de la promotion de l'égalité des sexes et de l'autonomisation de toutes les femmes et de toutes les filles à tous les niveaux et renforcer celles qui existent ». *Ibid.*, pp.19-20.

[90] Nations Unies, Cadre mondial d'indicateurs relatifs aux objectifs et aux cibles du Programme de développement durable à l'horizon 2030, A/RES/71/313, E/CN.3/2018/2, E/CN.3/2019/2, p.7 ; L'Assemblée

La représentation des femmes aux parlements au niveau mondial est évaluée dans les rapports sur les objectifs de développement durable des NU. Le rapport de 2016 a mentionné que la représentation des femmes dans les institutions parlementaires a atteint 23 % en 2016, soit une hausse de 6 points de pourcentage en 10 ans[91].

Le rapport de 2017 a déclaré que la proportion de femmes occupant des sièges dans les chambres uniques ou basses des parlements nationaux a atteint 23,4 % en 2017, soit à peine 10 points de pourcentage de plus qu'en 2000[92]. Toutefois, il était noté qu'il y avait une lenteur des progrès accomplis dans ce domaine. Pour cette raison, le rapport a souligné qu'un engagement politique plus vigoureux et des mesures et quotas plus ambitieux étaient nécessaires pour encourager la participation politique et l'autonomisation des femmes[93].

---

générale, Travaux de la Commission de statistique sur le développement durable à l'horizon 2030, A/RES/71/313, 10 juillet 2017, p.11.

[91] Nations Unies, Point annuel sur les objectifs de développement durable, Rapport du Secrétaire général, E/2016/75, 3 juin 2016, p.11, par.45 ; Nations Unies, Rapport sur les objectifs de développement durable 2016, New York, 2016, pp.5, 21. Il faut aussi mentionner que ce rapport est le premier rapport annuel qui se fonde sur les données concernant l'ensemble d'indicateurs.

[92] Nations Unies, Point annuel sur les objectifs de développement durable, Rapport du Secrétaire général, E/2017/66, 11 mai 2017, p.9, par.9 ; Nations Unies, Rapport sur les objectifs de développement durable 2017, New York, 2017, pp.5, 29.

[93] *Loc.cit* ; Selon le rapport sur les objectifs de développement durable 2017, « la lenteur des progrès semble indiquer qu'une volonté politique plus forte et des mesures plus ambitieuses sont requises. L'instauration de quotas pour augmenter l'autonomisation des femmes et leur participation à la vie politique a été utile : 75 pays sur 190 (39 %) ont utilisé une forme ou une autre d'un système de quotas pour augmenter la représentation des femmes, et les résultats des élections en 2016 montrent que cette stratégie fonctionne… ».

Le rapport de 2018 a seulement indiqué qu'au niveau mondial, le pourcentage de femmes siégeant dans les chambres uniques ou basses des parlements nationaux a augmenté, passant de 19 % en 2010 à environ 23 % en 2018[94].

Le rapport de 2019 a déclaré qu'au 1er janvier 2019, « la représentation des femmes dans les parlements nationaux se situait entre 0 % et 61,3 %, avec une moyenne de 24,3 % ; soit une augmentation de 5 points de pourcentage depuis 2010 »[95].

Le rapport de 2020 a mentionné qu'au 1er janvier 2020, « la représentation des femmes dans les parlements nationaux (chambre basse et parlements à chambre unique) a atteint 24,9 %, contre 22,3 % en 2015 » [96].

Selon le dernier rapport de 2021, « au 1er janvier 2021, la représentation des femmes était loin d'être paritaire : la moyenne mondiale des femmes dans les chambres uniques ou basses des parlements nationaux n'était que de 25,6 % et s'établissait à 36,3 % dans les organes délibérants locaux, poursuivant une lente tendance à la hausse. Au rythme actuel, il faudra au moins 40 ans pour atteindre la parité dans les parlements nationaux. »[97].

Tous ces rapports démontrent qu'au niveau mondial, la représentation parlementaire des femmes a augmenté par rapport aux années précédentes. Cependant, lorsque les données des deux dernières années (les années 2020, 2021) sont prises en compte, il est observé qu'elle poursuit une lente tendance à la hausse.

---

94 Nations Unies, Rapport sur les objectifs de développement durable 2018, New York, 2018, p.6.

95 Nations Unies, Rapport sur les objectifs de développement durable 2019, New York, 2019, p.33.

96 Nations Unies, Rapport sur les objectifs de développement durable 2020, New York, 2020, p.35.

97 Nations Unies, Rapport sur les objectifs de développement durable 2021, New York, 2021, p.37.

Le Rapport de 2019 indique que « lorsque des quotas en fonction du sexe sont prévus par la loi, des proportions significativement plus élevées de femmes sont élues tant au niveau national que local[98] ».

Le Rapport de 2020 également note que « seuls 13 % et 15 % des pays ont atteint l'égalité des sexes (40 % ou plus) dans les organes législatifs des parlements nationaux et dans les gouvernements, respectivement » et « ce progrès est largement attribué aux quotas selon le sexe prévus par la loi[99] ».

Selon le rapport de 2021, « seuls 23 pays comptent au moins 40 % de femmes dans la chambre basse ou unique de leur parlement ; 22 pays dans les gouvernements locaux. La plupart ont réalisé de tels progrès grâce au recours à des quotas par sexe[100] ».

Par conséquent, comme indiqué dans le rapport de 2017, les engagements politiques plus vigoureux et des mesures et quotas plus ambitieux doivent être pris en considération pour augmenter la représentation des femmes aux parlements[101]. Le taux de représentation parlementaire des femmes est encore loin des 30 % déterminés par l'ECOSOC.

---

[98] Nations Unies, Rapport sur les objectifs de développement durable 2019, *loc.cit.*

[99] Nations Unies, Rapport sur les objectifs de développement durable 2020, *loc.cit.*

[100] En ce qui concerne les quotas, le rapport de 2021 aussi indique le suivant : « En 2020, la part de sièges parlementaires obtenus par des femmes dans les pays ayant des quotas prévus par la loi était de 27,4 %, contre 15,6 % dans les pays non pourvus d'un tel système...» Voir Nations Unies, Rapport sur les objectifs de développement durable 2021, *loc.cit.*

[101] Nations Unies, Point annuel sur les objectifs de développement durable, Rapport du Secrétaire général, E/2017/66, *loc.cit.*

TITRE II

L'ADAPTATION DE LA TURQUIE AUX NORMES INTERNATIONALES/RÉGIONALES RELATIVES À LA PARTICIPATION DES FEMMES À LA VIE POLITIQUE

Pour déterminer si la représentation politique des femmes au parlement est suffisante et une réforme législative est nécessaire pour renforcer la représentation parlementaire des femmes, il faut examiner l'adaptation de la Turquie aux normes internationales/régionales relatives à la participation des femmes à la vie politique.

Dans ce cadre, les documents des organes internationaux/régionaux sur la participation des femmes à la vie politique doivent être pris en considération pour analyser la situation actuelle des États qui sont membres à ces organisations internationales/régionales.

La Turquie est un État membre de l'ONU et du Conseil de l'Europe. Elle est aussi un État partie à la CEDEF qui est une convention onusienne des droits de l'homme. Par conséquent, sous ce titre, on va d'abord examiner les documents du Comité pour l'élimination de la discrimination à l'égard des femmes (Chapitre premier) et ensuite, les recommandations et les résolutions des organes du Conseil de l'Europe (Chapitre deuxième).

Chapitre premier. La Turquie et le Comité pour l'élimination de la discrimination à l'égard des femmes

La Turquie a adhéré à la Convention sur l'élimination de toutes les formes de discrimination à l'égard des femmes (CEDEF) le 20 décembre 1985. La CEDEF est entrée en vigueur en 1986[102].

Selon l'article 18 de la CEDEF, les États parties s'engagent à présenter au Comité pour l'élimination de la discrimination à l'égard des femmes (CEDEF), un rapport sur les mesures d'ordre législatif, judiciaire, administratif ou autre qu'ils ont adoptées pour donner effet aux dispositions de la CEDEF et sur les progrès réalisés à cet égard. Les rapports peuvent indiquer les facteurs et difficultés influant sur la mesure dans laquelle sont remplies les obligations prévues par la Convention[103].

L'État partie soumet son rapport initial au CEDEF dans l'année suivant l'entrée en vigueur de la Convention dans l'État intéressé et puis, soumet ses rapports périodiques tous les quatre ans, ainsi qu'à la demande du Comité[104]. Le rapport de l'État partie est examiné par le CEDEF en présence de la délégation de l'État partie[105]. La relation établie entre le CEDEF et l'État partie est intitulée le dialogue constructif. Le CEDEF peut adresser des questions aux représentants de l'État partie et demander des informations supplémentaires.

---

[102] La Turquie a aussi signé le Protocole facultatif à la CEDEF le 8 septembre 2000 et elle l'a ratifiée le 29 octobre 2002. Nations Unies, Statut de ratification, présentation des rapports et documentation pour Turquie,https://tbinternet.ohchr.org/layouts/15/TreatyBodyExternal/countries.aspx?Lang=fr (page consultée le 9 juillet 2019).

[103] L'article 18 (a) de la CEDEF.

[104] L'article 18 (b) de la CEDEF.

[105] L'article 51 (4) du Règlement intérieur du CEDEF. Voir United Nations, Compilation of Rules of Procedure Adopted By Human Rights Treaty Bodies, HRI/GEN/3/Rev.3, 28 May 2008, p.111.

Après avoir examiné le rapport, le CEDEF publie, sous le titre d'observations finales, ses préoccupations et recommandations sur la base du dialogue constructif[106]. Selon le Haut Commissariat des Nations Unies aux droits de l'homme (HCDH), « les observations finales visent à donner des conseils à l'État et l'encourager à mettre en œuvre d'autres mesures pour assurer l'exercice des droits énoncés dans l'instrument[107]». Au nouveau cycle de présentation des rapports, l'État partie doit mentionner, dans son rapport régulier, des mesures concrètes qu'il a prises suite aux recommandations du CEDEF déclarées dans les observations finales concernant son rapport précédent[108].

D'après l'article 7 de la CEDEF relatif à la participation des femmes dans la vie politique et publique, les États parties prennent toutes les mesures appropriées pour éliminer la discrimination à l'égard des femmes dans la vie politique et publique du pays et, en particulier, leur assurent, dans des conditions d'égalité avec les hommes, le

---

[106] HCDH, Suivi des traités internationaux relatifs aux droits de l'homme, https://www.ohchr.org/FR/HRBodies/Pages/WhatTBDo.aspx., (page consultée le 10 juillet 2019).

[107] Nations Unies, *Le dispositif conventionnel des Nations Unies relatif aux droits de l'homme*, Fiche d'information no 30/Rev1, New York et Genève, 2012, pp.29-30. D'après l'article 53 (1) du Règlement intérieur du CEDEF, « Après avoir examiné le rapport d'un État partie, le Comité peut présenter des observations finales sur ce rapport afin d'aider l'État partie en question à s'acquitter des obligations qui lui incombent en vertu de la Convention. Le Comité peut suggérer que le prochain rapport périodique de l'État partie mette l'accent sur certaines questions ». United Nations, HRI/GEN/3/Rev.3, *op.cit.*, p.112.

[108] Selon le HCDH, « Un élément important de tout rapport périodique est la description des mesures concrètes que l'État partie a prises comme suite aux recommandations faites dans les observations finales concernant le rapport précédent, ce qui clôt le cycle d'examen du rapport ». *Ibid.*

droit de voter à toutes les élections et dans tous les référendums publics et être éligibles à tous les organismes publiquement élus. L'adoption par les États parties de mesures temporaires spéciales visant à accélérer l'instauration d'une égalité de fait entre les hommes et les femmes est prévue dans l'article 4 de la CEDEF.

Comme le CEDEF souligne dans sa recommandation générale no 23 sur la vie politique et publique, « l'élimination des obstacles et l'adoption de mesures temporaires spéciales visant à favoriser la participation des femmes et des hommes à la vie publique dans des proportions égales sont des conditions préalables indispensables à une authentique égalité politique[109] ».

Pour cette raison, aux termes de l'article 4 de la Convention, le CEDEF encourage les États parties à adopter des mesures temporaires spéciales afin de donner plein effet à l'article 7 de la Convention. Dans ce contexte, le CEDEF fait référence à fixer des quotas dans une large gamme de mesures mises en œuvre pour permettre aux femmes de participer à la vie publique dans des conditions d'égalité[110].

Il faut aussi noter que, en vue de la participation des femmes à la vie publique dans des proportions égales, les femmes doivent être encouragées et aidées par tous les secteurs de la société. Autrement dit, elles doivent être

---

[109] CEDAW, Recommandation générale no 23: La vie politique et publique, *op.cit*, par.15.

[110] *Ibid.* Selon la recommandation, ces mesures consistent notamment les mesures suivantes: « recruter, aider financièrement et former les candidates à des élections, modifier le mode de scrutin, organiser des campagnes promouvant l'égalité des femmes avec les hommes dans la vie publique, fixer des objectifs quantitatifs et des quotas et nommer des femmes à des postes publics dans l'administration judiciaire et dans d'autres secteurs professionnels jouant un rôle de premier plan dans la vie sociale ».

encouragées non seulement par les États parties mais aussi par les partis politiques et les personnalités publiques[111].

En ce qui concerne les pourcentages des femmes élues au parlement, le CEDEF souligne également que « les partis politiques doivent adopter les principes de l'égalité de chance et de la démocratie et s'efforcer d'équilibrer le nombre de candidatures d'hommes et de femmes[112] ».

Conformément aux recommandations du CEDEF sur les articles 7 et 8 de la Convention, les États parties devraient faire en sorte que leur constitution et leur législation soient conformes aux principes de la Convention et, en particulier, à ceux énoncés aux articles 7 et 8 ; prendre toutes les mesures appropriées et, en particulier, de promulguer des lois conformes à leur constitution pour que des entités comme les partis politiques et les syndicats, qui ne sont pas toujours soumis directement à l'obligation de respecter la Convention, n'exercent pas de discrimination à l'égard des femmes et respectent les principes énoncés aux articles 7 et 8 et élaborer et mettre en œuvre des mesures temporaires spéciales qui garantissent aux femmes une représentation égale à celle des hommes dans tous les domaines stipulés aux articles 7 et 8 de la Convention[113].

Depuis son adhésion à la Convention, la Turquie a soumis cinq rapports nationaux au CEDEF[114]. Ces rapports sont

---

[111] *Loc.cit.*

[112] *Ibid.*, par.22.

[113] *Ibid.*, pars. 41-43.

[114] Le huitième cycle de présentation des rapports a commencé en 2020. La Turquie a soumis son huitième rapport périodique au CEDEF, le 26 novembre 2020. Le rapport est en cours d'examen. Par conséquent, le huitième rapport périodique ne sera pas inclus dans cette étude. Voir OHCHR, Reporting status for Turkey, CEDAW, https://tbinternet.ohchr.org//_layouts/15/TreatyBodyExternal/Countries.aspx?CountryCode=TUR&Lang=EN (page consultée le 9 novembre 2021)

relatifs aux sept cycles de présentation des rapports au cours de la période de 1987 au 2017[115]. Alors qu'il y a sept cycles de présentation des rapports, il y a cinq rapports nationaux car la Turquie a soumis ses deux rapports périodiques sous forme de documents combinés. Les deuxième et troisième rapports de la Turquie ont été publiés en un seul document. Ce document a été examiné par le CEDEF en 1997. La Turquie a aussi soumis ses quatrième et cinquième rapports au CEDEF comme un seul document. Ce rapport unique qui comprend les quatrième et cinquième rapports périodiques a été examiné par le CEDEF en 2005.

Depuis l'adoption ses premières observations finales sur le rapport initial de la Turquie en 1990, la représentation politique des femmes au Parlement turc et les mesures temporaires spéciales constituent des sujets importants pour le CEDEF.

La Turquie a soumis son rapport initial au CEDEF le 27 janvier 1987. Le CEDEF l'a examiné à ses 161e et 165e séances, les 29 et 31 janvier 1990[116]. Pendant l'étude du rapport initial, le CEDEF a demandé « pourquoi le pourcentage de femmes membres du parlement avait diminué de façon spectaculaire depuis 1935 » ; « quelles mesures avaient été prises pour accroître le nombre de femmes au parlement » et « pourquoi la proposition visant à instaurer un système de quotas n'avait pas été retenue »[117].

---

[115] HCDH, Statut de ratification, présentation des rapports et documentation par Turquie, https://tbinternet.ohchr.org/_layouts/15/TreatyBodyExternal/countries.aspx?Lang=fr (page consultée le 11 juillet 2019).

[116] Nations Unies, Rapport du Comité pour l'élimination de la discrimination à l'égard des femmes, A/45/38, 6 juin 1990, p.58, par.284.

[117] Les membres du CEDEF ont posé la première question parce qu'en 1935, il y avait 18 femmes au Parlement mais à la date à laquelle le

Les membres du CEDEF ont demandé pourquoi la législation nationale selon laquelle au moins 20 à 30 des candidats de chaque parti politique devraient être des femmes n'a pas abouti[118]. Cette question a été demandée sur la base des informations contenues dans le rapport initial qui se réfère à ces travaux législatifs[119].

Lorsqu'elle a présenté le rapport, la représentante de la Turquie a indiqué que divers efforts ont été déployés pour présenter la législation selon laquelle 20 à 30 % des candidats de chaque parti seraient des femmes aux élections, mais cette recommandation n'avait pas encore été acceptée[120]. En ce qui concerne l'article 7 de la CEDEF, elle a aussi déclaré que, bien que les femmes turques aient le droit de vote et d'être élu, elles ne jouaient pas encore le rôle qu'ils méritaient dans la vie politique[121].

Les membres du CEDEF ont également demandé ce que faisaient les partis politiques en ce qui concerne le nombre de femmes au parlement[122]. La représentante a déclaré qu'aucun quota n'a pas été introduit pour les cadres des partis politiques ni pour les listes électorales[123].

---

rapport initial a été soumis, il y avait seulement 6 femmes. *Ibid.*, p.61, par.295.

[118] CEDAW, Summary record of the 161st meeting, CEDAW/C/SR. 161, 12 February 1990, p.11, par.53.

[119] Le membre du CEDEF, Fenger-Moller a fait référence au paragraphe 17 au document (CEDAW/C/5/Add.46/ Amend.I) en posant cette question.

[120]« Various efforts had been made to introduce legislation whereby, in elections, 20 to 30 per cent of each party's candidates would be women, but that recommendation had yet to be accepted ». Voir CEDAW, CEDAW/C/ SR.161, *op.cit.*, p.3, par.11.

[121] CEDAW, Summary record of the 165th meeting, CEDAW/C/SR. 165, 12 February 1990, p.6, par.33. Elle a aussi mentionné qu'il y avait seulement 6 femmes au Parlement à la date à laquelle le rapport initial a été soumis.

[122] *Ibid.*, p.11, par.54.

[123] Nations Unies, A/45/38, *op.cit.,* p.64, par.313.

Elle a également noté que ce n'était que récemment qu'un parti avait décidé d'instituer un minimum de 25 % de femmes pour toutes ses instances[124].

Dans ses observations finales concernant le rapport initial, le CEDEF a noté le caractère lacunaire des informations fournies au titre de l'article 4 et il a demandé si les pouvoirs publics envisageaient d'adopter des mesures temporaires spéciales[125].

La Turquie a soumis ses deuxième et troisième rapports périodiques le 3 septembre 1996. Les rapports ont été examinés par le CEDEF à ses 318e et 319e séances le 17 janvier 1997. Pendant l'examen du rapport, la représentante a déclaré que « le moyen le plus efficace qu'ont les femmes de devenir membres du parlement est le système de quotas ou la nomination par le siège du parti[126] ».

Toutefois, il a également été souligné que malgré certaines initiatives ont été lancées par certains partis politiques afin d'encourager la participation des femmes à la vie politique, ces mesures n'ont pas encore atteint l'ampleur souhaitée[127]. Par conséquent, l'argument de la

---

[124] *Loc.cit.*

[125] *Ibid.*, p.60, par.292.

[126] CEDAW, Deuxièmes et troisièmes rapports périodiques des Etats parties, Turquie, CEDAW/C/TUR/2-3, 1er octobre 1996, p.45.

[127] Selon le rapport, ces mesures sont les suivantes : « Le RRP, l'un des partis de centre-gauche représentés à la Grande Assemblée nationale de Turquie, a introduit le système de quotas à la fin des années 80 aux termes d'un Décret déclarant 'qu'il devrait y avoir au moins 25 % de membres des deux sexes aux conseils provinciaux et de district et dans l'administration centrale des partis'. L'un des partis politiques de centre-droite, le TPP, a ajouté la clause selon laquelle 'parmi les membres des conseils provinciaux et de district et l'administration centrale du parti, il devrait y avoir au moins 10 % de femmes' à ses réglementations durant le congrès du parti tenu en juillet 1986. En outre le TPP et le MP, un autre parti politique de

représentante n'était pas étayé par la pratique en raison des applications différentes des partis politiques.

De plus, dans le rapport périodique, aucune référence n'a été faite quant à une nouvelle proposition constitutionnelle/législative relative au système de quotas qui a été déclaré comme « le moyen le plus efficace qu'ont les femmes de devenir membres du parlement ».

Dans le rapport, il était déclaré que la disposition de la Constitution de 1982 interdisant l'établissement de sous-groupes de femmes et de jeunes dans les partis politiques a été éliminée par la loi no 4121 en 1995. En ce qui concerne les amendements législatifs, il a seulement été mentionné qu'après cet amendement constitutionnel, « les modifications à apporter aux lois pertinentes sont actuellement étudiées[128] ».

Autrement dit, à l'exception de l'amendement constitutionnel de 1995, le rapport n'a pas mentionné un amendement constitutionnel ou législatif relatif au système de quotas. Le système de quotas semblait être considéré comme une question qui devrait principalement être résolue par les partis politiques.

Pendant l'examen du rapport, il a été mentionné qu'alors que la Turquie n'avait pas de politique formelle d'action positive, un système de quotas a été adopté par certains partis politiques. Il a également été souligné qu'alors que le ministère chargé de la condition de la femme et de la famille, à plusieurs reprises, avait exprimé son engagement de principe en faveur de l'adoption d'une politique d'action positive temporaire, une telle politique n'était pas encore mise en œuvre[129].

---

centre-droite, ont réduit de 50 % la redevance électorale pour les femmes lors des élections générales de 1995 ». *Ibid.*, pp.20, 45.

[128] *Ibid.*, p.46.

[129] CEDAW, Summary record of the 318th meeting, CEDAW/C.SR. 318, 12 March 1998, p.10, par.39.

En ce qui concerne les articles 4 et 7 de la CEDEF, certains membres du CEDEF ont noté l'approche positive de certains partis politiques à l'égard des quotas. Mais, en même temps, ils ont souligné la nécessite d'un engagement systématique de la part de la Turquie d'institutionnaliser l'action positive en raison de quelques exemples isolés d'actions positives décrits dans le rapport[130].

Les membres du CEDEF ont aussi demandé à la délégation turque de porter le débat réalisé pendant le dialogue constructif à l'attention du parlement et des médias[131]. Selon le rapport, la représentante a assuré aux membres du CEDEF que le gouvernement turc prendrait compte en considération des commentaires des membres du CEDEF lors de l'élaboration de nouvelles stratégies[132].

La Turquie a soumis ses quatrième et cinquième rapports périodiques le 31 juillet 2003. Le CEDEF a examiné le rapport unique regroupant ces rapports à ses 677e et 678e séances, le 20 janvier 2005. Dans le rapport, il y avait un changement de perception concernant des quotas appliqués par des différents partis politiques. Le système de quotas- qui était défini dans le rapport périodique précédent comme le moyen le plus efficace- était déclaré insuffisant.

Il a été déclaré que « si certains partis ont bien défini un pourcentage minimal de sièges qui devaient être réservés aux femmes dans leurs organes administratifs, dans la pratique ces chiffres n'ont pas été suffisamment élevés et n'ont pas suffi à accroître la représentation des

---

130 CEDAW, Summary record of the 319th meeting, CEDAW/C.SR. 319, 12 March 1998, pp.6, 8; pars.23, 37.

131 *Ibid.*, p.10. par.45.

132 « Ms. Ertürk (Turkey) assured the Committee members that the Turkish Government would reflect on their comments in developing new strategies…». *Ibid*, par.46.

femmes au parlement[133] ». Selon le rapport, étant donné qu'un seul parti représenté au parlement ait réservé 10 % de ses sièges aux femmes et trois autres, qui avaient adopté des quotas de 25 % à 35 %, ne soient pas arrivés à être représentés, « cette innovation n'a servi à rien[134] ». Il a été aussi souligné qu'aucun parti politique n'a établi sa liste de candidats selon un système de quotas[135].

Par rapport au rapport périodique précédent, le rapport unique regroupant les quatrième et cinquième rapports périodiques a mis accent sur l'importance des amendements constitutionnels apportés à la Constitution turque au 7 mai 2004, au lieu des quotas appliqués par les différents partis politiques.

Par l'amendement constitutionnel, le paragraphe « Les femmes et les hommes ont les droits égaux. L'État est tenu d'assurer la mise en pratique de cette égalité » a été ajouté à l'article 10 relatif à l'égalité devant la loi[136]. La phrase « En cas de conflit du fait que les conventions internationales relatives aux droits et libertés fondamentaux dûment mises en vigueur et les lois comportent les dispositions différentes sur le même sujet, les conventions internationales prévaudront » a également

---

[133] CEDAW, Quatrième et cinquième rapports périodiques des États parties, Turquie, CEDAW/C/TUR/4-5, 8 août 2003, p.24 ; Dans le rapport anglais, il est déclaré comme suit : «...Only one party represented in the parliament implemented a 10% quota for women. Other three parties with quotas of 2 5% to 35 % are not represented in the parliament, therefore, they are ineffective ». CEDAW, Combined fourth and fifth periodic reports of States parties, Turkey, CEDAW/C/TUR/4-5, 8 August 2003, p.18.

[134] *Ibid.*

[135] *Loc.cit.*

[136] Digithèque MJP, Constitution du 7 novembre 1982, http://mjp. univ.perp.fr/constit/tr1982.htm (page consultée le 3 août 2019).

été ajoutée à l'article 90 relatif à la ratification des conventions internationales[137].

La représentante a déclaré que les amendements constitutionnels étaient « le reflet le plus significatif du changement des politiques relatives aux femmes[138] ». Il a été déclaré que l'amendement de l'article 10 a imputé à la Turquie la responsabilité d'assurer la non-discrimination entre les hommes et les femmes, mais également la prise des mesures nécessaires pour garantir l'égalité effective de droits et de chances entre les hommes et les femmes dans tous les domaines et l'amendement de l'article 90 « a permis l'avènement des dispositions selon lesquelles les conventions internationales, y compris la CEDEF, a préséance sur toute législation nationale[139] ».

Certains membres du CEDEF ont félicité la Turquie pour les amendements parce qu'ils peuvent entraîner l'application immédiate et urgente des mesures spéciales temporaires dans les domaines différents, y compris la participation à la vie politique. Cependant, ils ont également souligné que le premier amendement de l'article 10 de la Constitution, qui mentionnait explicitement les mesures spéciales temporaires, n'a pas été adopté par le parlement[140]. Ils ont aussi demandé si une autre disposition de l'article 10 abolissant tout

---

[137] L'article 90 de la version anglaise de la Constitution de 1982 stipule le suivant : «...In the case of a conflict between international agreements, duly put into effect, concerning fundamental rights and freedoms and the laws due to the differences in provisions on the same matter, the provisions of international agreements shall prevail ». Voir The Constitutional Court of the Republic of Turkey, Constitution of the Republic Turkey, https://www.anayasa.gov.tr/en/legislation/turkish-constitution/ (page consultée le 3 août 2019).

[138] CEDAW, Compte rendu analytique de la 677e séance, CEDAW/C/SR.677, 20 mai 2005, p.2, par.4.

[139] *Loc.cit.*

[140] *Ibid.,* p.4, par.15.

privilège n'empêchera pas l'application des mesures spéciales temporaires et si la Turquie peut envisager de reformuler la phrase pour en faciliter l'application[141].

Selon le compte rendu analytique de la 677e séance, en réponse aux questions des membres du CEDEF concernant l'article 10 et l'interprétation des mesures spéciales temporaires, la représentante a déclaré que « l'article 10 stipule clairement que les hommes et les femmes les hommes et les femmes ont les mêmes droits, que l'État est tenu de protéger[142] ». Elle a aussi indiqué que « même si l'article 10 de la Constitution ne mentionne pas expressément la discrimination positive, il confie au gouvernement des responsabilités spécifiques pour assurer l'égalité des sexes dans la pratique[143] ». Cependant, il a été également souligné qu'il « revient donc au gouvernement d'adopter la stratégie adéquate pour assumer cette responsabilité et honorer ses obligations constitutionnelles[144] ».

En ce qui concerne la faiblesse de la participation des femmes à la vie politique, la représentante a déclaré le suivant : « L'institution d'un système de quotas pourrait être une solution, mais la participation à la vie politique n'est pas la seule manière de mesurer la participation des femmes à la vie de la société. Il n'y a pas vraiment d'obstacles à la participation des femmes à la vie politique et une femme qui le désire a tout autant de chances de réussir qu'un homme[145] ». Elle a aussi noté que la Turquie est « tout à fait consciente d'avoir à promouvoir la

---

[141] *Loc.cit.* Selon le paragraphe 4 de l'article 10 de la Constitution, « on ne peut accorder de privilège à un individu, une famille, un groupe ou une classe quelconques ».

[142] *Ibid.,* p.10, par.55.

[143] *Ibid.,* p. 6, par.26.

[144] *Ibid.,* p.10, par.55.

[145] CEDAW, Compte rendu analytique de la 678e séance, CEDAW/C/SR.678, 6 avril 2005, p.2, par.5.

réalisation de l'égalité entre les sexes et de la faculté qu'il a de mettre en place les mesures spéciales dont il a la discrétion[146] ».

On peut donc comprendre de l'explication que le libellé de l'amendement constitutionnel n'a pas été interprété par la représentante comme une obligation d'adopter un système de quotas. Alors qu'un système de quotas a été évoqué, il n'a pas été interprété comme « une mesure sine qua non ou primordiale » pour assurer l'égalité entre hommes et femmes dans la pratique. Tout en notant que le gouvernement a la responsabilité de garantir l'égalité entre hommes et femmes dans la pratique, la représentante a également souligné son pouvoir discrétionnaire de déterminer les mesures spéciales à prendre pour s'acquitter de sa responsabilité[147].

L'autre représentante a aussi avancé que « l'application de mesures spéciales temporaires, comme d'introduire dans la loi électorale un système de quotas pour promouvoir la participation des femmes à la politique », serait possible en raison du pouvoir discrétionnaire qu'a la Cour Constitutionnelle Turque d'interpréter la Constitution de 1982 à la lumière de la CEDEF[148].

---

[146] *Loc.cit.*

[147] Dans le rapport anglais, il est déclaré comme suit : « With regard to articles 10 and 90 of the Constitution, she stressed that her Government was fully aware of its responsability to promote gender equality and of the option of implementing specific measures at its discretion ». CEDAW, Summary record of the 678th meeting, CEDAW/C/SR.678, 6 april 2005, p.2, par.5.

[148] Dans ce contexte, il faut aussi mentionner que l'article 90 de la Constitution donne la primauté aux conventions internationales des droits de l'homme uniquement en cas de conflit avec les lois nationales : « En cas de conflit du fait que les conventions internationales relatives aux droits et libertés fondamentaux dûment mises en vigueur et les lois comportent les dispositions différentes sur

Dans ce contexte, elle s'est spécialement référée à une affaire de plainte pour traitement discriminatoire en faveur des femmes. Elle a noté que dans cette affaire, la Cour Constitutionnelle « a fait prévaloir le droit qu'a une entreprise de passer outre au principe de l'égalité de traitement, qui est normalement garanti, et de prendre des mesures qui visent à rectifier un déséquilibre entre les sexes[149] ».

Par conséquent, au lieu de mettre l'accent sur le libellé de l'amendement constitutionnel comme le faisaient les membres du CEDEF, la représentante a mis accent sur le pouvoir discrétionnaire de la Cour Constitutionnelle. Elle a tout particulièrement souligné le rôle de la Cour dans l'interprétation des amendements constitutionnels.

Il est clair que la référence au rôle de la Cour Constitutionnelle Turque en matière de protection des droits et des libertés fondamentaux est très importante. Le rôle des cours nationales, en particulier de la Cour Constitutionnelle, est essentiel pour la protection et la promotion des droits de l'homme dans l'ordre juridique national.

Dans les États fondés sur les principes de la primauté du droit, des droits de l'homme et de la démocratie, les interprétations judiciaires des cours constitutionnelles ne doivent pas seulement être fondées sur la protection, mais également sur la promotion des droits de l'homme. La jurisprudence et les décisions des organes internationaux/régionaux des droits de l'homme doivent également être prises en compte par les cours constitutionnelles[150].

---

le même sujet, les conventions internationales prévaudront ». *Ibid.*, p.3, par.9.

[149] *Loc.cit.*

[150] Ces organes internationaux, régionaux et/ou supranationaux peuvent être des organes judiciaires et quasi-judiciaires.

Toutefois, le rôle important des cours nationales n'affaiblit pas le rôle du parlement en matière de protection des droits de l'homme et des libertés fondamentales dans l'ordre juridique interne. En tant que l'organe législatif, le Parlement turc a la compétence de légiférer. Le Parlement a le pouvoir d'adopter les lois et les lois constitutionnelles qui portent révision de la constitution. Par conséquent, le Parlement turc doit avant tout adopter des lois qui introduisent clairement un système de quotas ou amender des lois actuelles afin d'inclure les quotas dans la législation turque.

En revanche, lors de l'examen du rapport périodique, certains membres du CEDEF ont estimé que l'amendement constitutionnel à l'article 10 était « une disposition vraiment révolutionnaire » qui devrait être interprétée « non pas comme un obstacle, mais plutôt comme une base constitutionnelle solide pour adopter des mesures spéciales temporaires » et, le cas échéant, « comme une obligation » pour la Turquie d'adopter ces mesures[151]. Les membres du CEDEF ont souligné l'importance de recourir à l'utilisation de mesures temporaires spéciales, comme au système de quotas, pour assurer une représentation égale des femmes dans la vie politique et publique[152].

Par conséquent, alors que le CEDEF et la Turquie ont mis accent sur l'importance des amendements constitutionnels, leurs interprétations du libellé des amendements constitutionnels, qui étaient relatives à la nécessité des mesures temporaires spéciales telles que des quotas, n'étaient pas les mêmes.

---

[151] CEDAW, Compte rendu analytique de la 677e séance, CEDAW/C/SR.677, *op.cit.,* pp.8-9, par.45.

[152] CEDAW, Compte rendu analytique de la 678e séance, CEDAW/C/SR.678, *op.cit.,* p.2, pars. 2, 3.

Dans les observations finales, le CEDEF a félicité la Turquie d'avoir amendé les articles 10 et 90 de la Constitution. Le CEDEF a mentionné que l'article 10 de la Constitution « stipule clairement désormais qu'il incombe à l'État d'assurer l'égalité des sexes et fixe des bases solides pour l'adoption de mesures temporaires spéciales visant à accélérer l'instauration d'une égalité de fait entre les hommes et les femmes[153] ».

Dans ses observations finales, il a aussi déclaré sa préoccupation pour « la très faible représentation des femmes dans tous les domaines de la vie politique et publique » et « la lenteur des progrès accomplis en vue d'assurer l'égalité des sexes, en particulier aux postes décisionnels tant nationaux que locaux »[154].

Pour cette raison, le CEDEF a encouragé la Turquie à déployer des efforts soutenus pour renforcer la représentation des femmes au sein des organes élus et nommés dans tous les domaines de la vie publique et il a recommandé à la Turquie d'adopter des mesures temporaires spéciales afin d'augmenter le nombre de femmes au parlement, etc.[155]

La Turquie a soumis son sixième rapport périodique, le 24 octobre 2008 et ce rapport a été examiné par le CEDEF lors de ses 937e et 938e séances, le 21 juillet 2010. La Turquie a de nouveau déclaré qu'à la suite des amendements constitutionnels de 2004, l'article 10 de la Constitution constituait « la base juridique nécessaire pour exécuter les mesures temporaires spéciales pour la première fois dans l'histoire de la République de

---

[153] CEDAW, Rapport du Comité pour l'élimination de la discrimination à l'égard des femmes, A/60/38(SUPP), 31 august 2005, p. 65, par. 355.

[154] *Ibid.,* p.68, par.369.

[155] *Ibid.*, par. 370.

Turquie[156] ». Selon le rapport, en vertu de l'article 90 de la Constitution, la CEDEF prévaut sur les règlements nationaux et « l'application des mesures spéciales temporaires a prévalu conformément à l'article 90 de la Constitution[157] ».

Dans le sixième rapport, certains des efforts dans les domaines de l'éducation et de l'emploi ont été mentionnés comme exemples de politiques de mesures temporaires spéciales[158]. En ce qui concerne la participation des femmes à la vie politique et publique, la Turquie a déclaré que celle-ci « n'a pas pu atteindre les niveaux désirés en Turquie. Il n'existe pas de mesure temporaire spéciale pour augmenter la représentation des femmes dans les mécanismes politiques[159] ».

La Turquie a aussi mentionné le suivant : « Un véritable accroissement de la participation des femmes aux mécanismes de prise de décisions et à la direction supérieure n'est possible que par une pleine prise en compte des questions d'égalité des sexes qui requiert une transformation des mentalités et il est donc nécessaire d'introduire une perspective antisexiste dans les institutions publiques, les universités, les organisations professionnelles et le secteur privé d'une manière qui a des répercussions sur leurs pratiques professionnelles respectives[160] ».

---

[156] CEDAW, Réponses à la liste des points et des questions soulevés par l'examen du sixième rapport périodique Turquie, CEDAW/C/TUR/Q/6/Add.1, 12 février 2010, p.13.

[157] *Ibid.*, p.14.

[158] CEDAW, Examen des rapports présentés par les Etats parties en application de l'article 18 de la Convention, Sixième rapport périodique des États parties Turquie, CEDAW/C/TUR/6, 24 novembre 2008, pp.18, 51-52.

[159] CEDAW, CEDAW/C/TUR/Q/6/Add.1, *op.cit.*, p.35.

[160] *Loc.cit.*

Sur la base des amendements constitutionnels de 2004, cette transformation des mentalités pourrait également être observée dans le Parlement. Le Parlement pourrait apporter des amendements législatifs aux lois sur les partis politiques et les élections législatives ou adopter une nouvelle législation introduisant un système de quotas dans l'ordre juridique national.

Cependant, dans le sixième rapport périodique, aucune référence n'a été faite quant aux amendements législatifs ou à la nouvelle législation. La Turquie a déclaré qu'il n'y avait pas de règlements juridiques et obligatoires ni au niveau constitutionnel ni au niveau des partis politiques sur des quotas ou sur des mesures spéciales temporaires[161].

Dans ce cas, en vue d'augmenter la représentation des femmes au parlement, le parlement aurait pu adopter un nouvel amendement constitutionnel introduisant explicitement un système de quotas dans la Constitution. Un tel amendement constitutionnel aurait été également conforme aux recommandations générales et aux précédentes observations finales du CEDEF.

Néanmoins, le Parlement a préféré adopter un amendement constitutionnel qui ajoute une nouvelle phrase à l'article 10, affirmant que les mesures prises pour mettre en pratique l'égalité ne doivent pas être considérées comme contraires au principe d'égalité[162]. Le motif de l'article 1 de la proposition de loi n° 5982 précise que cet amendement permet à l'État de prendre certaines mesures en vue d'assurer l'égalité entre les femmes et les hommes et les mesures prises à cette fin ne doivent pas être interprétées comme contraire au principe d'égalité[163].

---

[161] CEDAW, CEDAW/C/TUR/6, *op.cit.*, p.25.

[162] La loi constitutionnelle n° 5982 a été adoptée par le Parlement le 7 mai 2010.

[163] Le motif de l'article 1 de la proposition de la loi n° 5982. Voir Türkiye Büyük Millet Meclisi (TBMM), 7/11/1982 Tarihli ve 2709

Compte tenu des critiques formulées par certains membres du CEDEF sur la formulation de l'article 10 lors de l'examen du rapport périodique précédent, cet amendement constitutionnel peut être considéré comme une étape positive pour l'application des mesures temporaires spéciales.

Le CEDEF a en effet évalué l'amendement constitutionnel comme un aspect positif du rapport périodique car « la disposition garantissant que les mesures prises pour parvenir à une égalité formelle ne sont pas incompatibles avec le principe d'égalité » permet éventuellement « une application plus large des mesures temporaires spéciales, si elles sont approuvées à l'issue du référendum qui se tiendra en septembre 2010 »[164].

Toutefois, le CEDEF a également invité la Turquie à inclure dans son prochain rapport périodique des informations sur les effets concrets de l'amendement constitutionnel relatifs au recours à des mesures spéciales temporaires dans différents domaines[165].

En ce qui concerne l'article 4 de la Convention, le CEDEF a déclaré sa préoccupation pour l'application limitée par la Turquie du paragraphe 1 de l'article 4 de la CEDEF et souligné que les mesures temporaires spéciales n'ont jusqu'à présent porté que sur l'éducation et l'emploi[166].

En ce qui concerne l'article 7 de la Convention, le CEDEF a également déclaré sa préoccupation pour le fait

---

Sayılı Türkiye Cumhuriyeti Anayasasının Bazı Maddelerinde Değişiklik Yapılması Hakkında Kanun Teklifi, p.3, https://www2.tbmm.gov.tr/d23/2/2-0656.pdf. (page consultée le 15 septembre 2019).

[164] CEDAW, Observations finales du Comité pour l'élimination de la discrimination à l'égard des femmes Turquie, CEDAW/C/TUR/CO/6, 16 août 2010, pp.2, 4, paras. 6, 18.

[165] *Ibid.*, par.19.

[166] *Ibid.* par.18.

que les femmes sont demeurées « fortement sous-représentées dans la vie politique et publique » et pour « l'absence de mesures temporaires spéciales, telles que les quotas, visant à améliorer la représentation des femmes dans la vie politique et publique »[167]. Il a aussi souligné qu'il n'existait pas de dispositions juridiques ni de législations contraignantes en vue de leur application[168].

La Turquie a soumis son septième rapport périodique, le 26 novembre 2014 et ce rapport a été examiné par le CEDEF lors de ses 1415e et 1416e séances, le 13 juillet 2016. Dans le rapport, il a été noté que certains partis politiques ont commencé à mettre en place des systèmes de quotas/parité au cours des dernières années[169].

La Turquie a considéré que le renforcement de la représentation féminine lors des élections générales et locales était le fruit d'attentes sociales concernant la participation des femmes à la vie politique, des attitudes et approches positives des femmes à l'égard de la politique et des mesures spéciales mises en place par les partis politiques à cet effet, comme l'exemption des frais de présentation pour les femmes, l'inclusion des femmes en tête de listes de candidats[170].

En ce qui concerne le taux de représentation des femmes, la Turquie a déclaré qu'il était en constante augmentation en se référant aux taux de représentation des femmes au parlement après les élections législatives de 2002, 2007 et 2011[171].

---

[167] *Ibid.*, p.7, par.28.

[168] *Loc.cit.*

[169] CEDAW, Examen des rapports présentés par les Etats parties en application de l'article 18 de la Convention, Septième rapport périodique que les États parties devaient présenter en 2014 Turquie, CEDAW/C/TUR/7, 14 décembre 2014, p.13, par.68.

[170] *Ibid.*, p.17, par.91.

[171] CEDAW, Annexes to State party report, 26 november 2014, p.4, https://tbinternet.ohchr.org/Treaties/CEDAW/Shared%20Documents/

Dans sa réponse au CEDEF, la Turquie a considéré qu'une augmentation d'environ 10 % de ces chiffres depuis 2002 était un progrès significatif. Elle a noté que la représentation des femmes au Parlement était de 14,73 % après les élections du 1er novembre 2015[172]. Alors que la Turquie a déclaré que le nombre de candidates et de représentantes élues dans la vie politique nationale et locale était en hausse, elle a également mentionné, dans son rapport périodique, que les chiffres étaient loin d'être satisfaisants[173].

Compte tenu du paragraphe 2 de l'article 10 de la Constitution, le groupe de travail du CEDEF a demandé à la Turquie d'expliquer pourquoi aucune mesure efficace n'a été prise, telle que des quotas obligatoires ou d'autres objectifs chiffrés visant à garantir, dans la pratique, une représentation égale des femmes dans certaines entités, en particulier au parlement[174].

La Turquie a répondu à la question en faisant référence à certains programmes de soutien principalement

---

TUR/INT_CEDAW_ ADR_TUR_19028_E.pdf (page consultée le 15 septembre 2019).

[172] CEDAW, Liste de points et de questions concernant le septième rapport périodique de la Turquie, Additif Reponses de la Turquie, CEDAW/C/TUR/Q/7/Add.1, 24 mars 2016, p.14, par.62.

[173] *Ibid.* Dans la réponse à la question 9 du CEDEF, la Turquie a déclaré que la participation des femmes à la vie politique était en constante augmentation et les chiffres ont montré que les partis politiques et le public étaient de plus en plus sensibilisés à la représentation des femmes au Parlement en Turquie. Toutefois, comme mentionné dans la liste de points et de questions du CEDEF, « dans le rapport, il est reconnu que les femmes sont sous-représentées dans la vie politique et publique, en particulier dans les organes de décision locaux et nationaux...». Voir aussi CEDAW, CEDAW/C/TUR/7, *op.cit,* p.17, par. 95; CEDAW, Liste de points et de questions concernant le septième rapport périodique de la Turquie, CEDAW/C/TUR/Q/7, 27 novembre 2015, p.4, par. 9.

[174] *Ibid.*

développés dans les domaines de l'éducation, de l'emploi et de la politique sociale[175]. Elle a également mentionné que des amendements apportés à la Constitution, au droit civil, au droit pénal et au droit du travail « témoignent de l'engagement à augmenter la participation des femmes dans tous les aspects de la vie » y compris la vie politique[176]. Toutefois, dans ses réponses, il n'était fait aucune référence aux lois en vigueur concernant les partis politiques et les élections législatives.

Sur la base des questions et des évaluations des membres du CEDEF au cours du dialogue constructif, on peut considérer que le CEDEF se concentre en particulier sur l'application des mesures temporaires spéciales dans la pratique lorsqu'il analyse l'engagement de la Turquie.

En ce qui concerne les amendements constitutionnels, certains membres du CEDEF ont noté que les mesures temporaires spéciales n'ont pas été expressément reconnues dans la Constitution et ce fait a limité leur application dans la pratique. Il a aussi été souligné que l'application des mesures temporaires spéciales n'était limitée qu'aux domaines de l'emploi et de l'éducation[177].

En ce qui concerne les amendements législatifs, certains membres ont également noté l'autre législation qui n'était pas mentionnée dans le septième rapport périodique. Il a été souligné que dans les lois relatives aux partis politiques et aux élections législatives, il n'y a pas aucune référence aux mesures temporaires spéciales visant à assurer une représentation égale des femmes et des hommes. Ce fait et l'absence générale de mesures visant à promouvoir la participation des femmes à la vie politique et à la prise de décisions étaient mentionnés comme un

[175] CEDAW, CEDAW/C/TUR/Q/7/Add.1, *op.cit.*, paras .60-61.
[176] *Ibid.*, par.63.
[177] CEDAW, Summary record of the 1415th meeting, CEDAW/C/SR.1415, 19 July 2016, p.7, par.35.

sujet de préoccupation[178]. Les membres du CEDEF ont demandé à la Turquie si elle envisageait d'adopter des mesures temporaires spéciales pour remédier à la représentation limitée des femmes en politique[179].

La représentante a déclaré que le gouvernement turc était résolu à augmenter la représentation des femmes au parlement à 25 % et qu'il y avait partout des signes de progrès à cet égard. Elle a également indiqué que des mesures visant à augmenter la participation des femmes à la vie politique ont été intégrées au Dixième plan de développement en vertu duquel un projet de leadership politique et d'égalité des sexes serait finalisé en 2017[180].

Dans ses observations finales, le CEDEF a déclaré que la compréhension et l'utilisation de mesures temporaires spéciales par la Turquie semblaient se limiter à des transferts monétaires pour les femmes qui se trouvent dans des situations défavorisées[181]. Le Comité a également déclaré sa preoccupation pour « la faible participation des femmes à tous les niveaux de la prise de décisions, sur le plan national et local, y compris au sein du gouvernement et du parlement car

---

[178] *Ibid.*

[179] *Loc.cit.;* CEDAW, Summary record of the 1416th meeting, CEDAW/C/SR.1416, 20 July 2016, p.3, par.12.

[180] La représentante turque a déclaré le suivant : « Although women's representation in the parliament currently stood at 15 per cent, the Government was committed to raising that figure to 25 per cent, and there were signs of progress everywhere in that regard. Measures to increase women's participation in political life had also been incorporated into the Tenth Development Plan, including the establishment of a commission on gender equality. A project for political leadership and gender equality under the Plan would be finalized in 2017 ». *Ibid.*, par.13.

[181] CEDAW, Observations finales concernant le septième rapport périodique de la Turquie, CEDAW/C/TUR/CO/7, 25 juillet 2016, p.7, par.26.

elle est inférieure à la moyenne mondiale et a même diminué après les élections de novembre 2015[182] ».

Comme ses précédentes observations finales de 2005 et 2010, le CEDEF a recommandé à la Turquie d'adopter des mesures temporaires spéciales, y compris des quotas, des objectifs avec des calendriers bien définis et une formation adéquate, afin de parvenir à la participation pleine et équitable des femmes à la vie politique et publique et à la prise de décisions au niveau local et national[183].

---

[182] *Ibid.,* p.13, par.41.
[183] *Ibid.*, p.14, par.42.

Chapitre deuxième. La Turquie et le Conseil de l'Europe

La Turquie est un des plus anciens membres du Conseil de l'Europe qui comprend 47 États membres. En vertu du Statut du Conseil de l'Europe, tout membre du Conseil reconnait le principe de la prééminence de droit et le principe en vertu duquel toute personne placée sous sa juridiction doit jouir des droits de l'homme et des libertés fondamentales[184].

En outre, tous les États membres du Conseil de l'Europe ont ratifié la Convention européenne des droits de l'homme (CEDH) qui est la première convention du Conseil en matière des droits de l'homme. Cette convention vise à protéger les droits de l'homme, la démocratie et l'État de droit qui sont les valeurs communes des États membres du Conseil de l'Europe.

Selon l'article 14 de la CEDH relatif à l'interdiction de discrimination, la jouissance des droits et libertés reconnus dans la Convention doit être assurée, sans distinction aucune, fondée notamment sur le sexe, la race, la couleur, la langue, la religion, les opinions politiques ou toutes autres opinions, l'origine nationale ou sociale, l'appartenance à une minorité nationale, la fortune, la naissance ou toute autre situation.

Le Protocole n° 12 à la CEDH, qui a été ouvert à la signature des États membres du Conseil en 2000, interdit généralement toute forme de discrimination[185]. Selon

[184] L'article 3 du Statut du Conseil de l'Europe.

[185] Le Protocole n° 12 à la CEDH était entré en vigueur en 2005. D'après le Conseil de l'Europe, alors que l'article 14 de la CEDH « interdisent la discrimination seulement lorsqu'elle s'applique à l'un des droits reconnus par la Convention », « le Protocole n° 12 interdit de manière générale toute forme de discrimination ». Le rapport explicatif du Protocole n° 12 à la CEDH mentionne également que le

l'article 1 du Protocole n° 12 relatif à l'interdiction générale de la discrimination, la jouissance de tout droit prévu par la loi doit être assurée, sans discrimination aucune, fondée notamment sur le sexe, la race, la couleur, la langue, la religion, les opinions politiques ou toutes autres opinions, l'origine nationale ou sociale, l'appartenance à une minorité nationale, la fortune, la naissance ou toute autre situation.

La Turquie est devenue membre du Conseil de l'Europe le 13 avril 1950[186]. Elle a signé la CEDH le 4 novembre 1950 et l'a ratifiée le 18 mai 1954. La CEDH est entrée en vigueur le 18 mai 1954[187].

La participation équilibrée des femmes à la vie politique et publique est une question importante pour le Conseil d'Europe depuis décennies. Depuis les années 1980, le Conseil a contribué l'évolution d'une nouvelle approche à la question de l'égalité des sexes en se

---

Protocole n° 12 « prévoit une clause générale de non-discrimination et ainsi la portée de la protection qu'il offre va au-delà de 'jouissance des droits et libertés reconnus dans la Convention' ». Voir Conseil de l'Europe, Rapport explicatif du Protocole n° 12 à la Convention de sauvegarde des Droits de l'Homme et des Libertés fondamentales, STE 177, Rome, 4.XI.2000, p.5, par. 21; Conseil de l'Europe, Détails du traité n° 177, https://www.coe.int/fr/web/conventions/search- on-treaties/-/conventions/treaty/177, (page consultée le 4 octobre 2019).

[186] La Turquie a aussi signé le Protocole n° 12 à la CEDH le 18 avril 2001, mais elle ne l'a pas encore ratifié. Conseil de l'Europe, Turquie, Traités ratifiés et signés par la Turquie, https://www.coe.int/fr/web/portal/turkey (page consultée le 9 novembre 2021) ; La Turquie a adhéré au Statut de Conseil de l'Europe le 13 avril 1950. Voir Conseil de l'Europe, Statut du Conseil de l'Europe, https://www.coe.int/fr/web/conventions/search-on-treaties/-/conventions/treaty/001/signatures?p_auth=Z3dQVSJi (page consultée le 10 octobre 2020).

[187] Conseil de l'Europe, Convention de sauvegarde des Droits de l'Homme et des Libertés fondamentales, https://https://www.coe.int/fr/web/conventions/search-on-treaties/-/conventions/treaty/005/signatures?p_auth=e pPqTX6 (page consultée le 10 octobre 2020).

développant les thèmes de la discrimination positive, la démocratie paritaire, le gender mainstreaming etc.

Les organes du Conseil de l'Europe ont adopté plusieurs résolutions et recommandations dans le domaine de la participation équilibrée des femmes et des hommes à la prise de décision politique et publique.

Dans la recommandation 1413 (1999) sur la représentation paritaire dans la vie politique, l'Assemblée parlementaire du Conseil de l'Europe (APCE) a déclaré que « dans certains États membres, il est apparu qu'un seuil de 30 % de participation des femmes dans les instances politiques constitue 'une masse critique'. Au-delà de ce niveau, de nets progrès qualitatifs sont visibles et les femmes peuvent se libérer du modèle masculin d'exercice du pouvoir, pour apporter leur propre vision[188] ».

L'APCE a noté la sous-représentation des femmes dans la vie politique. Elle a invité les délégations nationales à agir au sein des parlements en vue de prendre des mesures concrètes pour la corriger[189]. Parmi les mesures concrètes, l'APCE a spécialement mentionné les suivantes : Créer des commissions ou délégations parlementaires pour les droits des femmes et pour l'égalité des chances ; Instaurer la parité au niveau des partis politiques et conditionner leur financement à la mise en œuvre de cet objectif ; Adopter des dispositions permettant de concilier vie familiale et vie publique ; Légiférer afin de mettre en place un système d'éducation paritaire, à partir de la scolarité de base, de façon à assurer les mêmes chances d'accès à tous les niveaux de formation[190].

---

[188] APCE, Recommandation 1413 (1999) sur la représentation paritaire dans la vie politique, 22 juin 1999, par.4.
[189] *Ibid.*, par.11.
[190] *Ibid.*, par.12.

Elle a également recommandé au Comité des Ministres du Conseil de l'Europe (CM) d'élaborer une recommandation aux États membres sur la représentation paritaire dans la vie politique et publique, par le biais d'instruments spécifiques[191].

Le CM a adopté la recommandation sur la participation équilibrée des femmes et des hommes à la prise de décision politique et publique en 2003. Dans cette recommandation, il a noté que « les femmes constituent plus de la moitié de la population et de l'électorat dans les États membres du Conseil de l'Europe, mais qu'elles restent largement sous-représentées aux postes de décision politique et publique dans bon nombre d'États membres[192] ».

Selon cette recommandation, le taux minimal de représentation des femmes doit être de 40 %. D'après le CM, « la participation équilibrée des femmes et des hommes signifie que la représentation de chacun des deux sexes au sein d'une instance de décision dans la vie politique ou publique ne doit pas être inférieure à 40 % [193] ». Sur cette base, les États membres sont invités d'étudier les mesures législatives, administratives et les mesures d'accompagnement.

Parmi les mesures législatives se trouvent une éventuelle modification de la constitution et/ou de la législation, y compris des mesures d'action positive, pour favoriser une participation plus équilibrée des femmes et des hommes à la prise de décision politique et publique ; l'adoption de réformes législatives visant à instaurer des seuils de parité pour les candidatures aux élections locales,

---

[191] *Ibid.*, par. 13.

[192] CM, Recommandation Rec (2003)3 du Comité des Ministres aux Etats membres sur la participation équilibrée des femmes et des hommes à la prise de décision politique et publique, 12 mars 2003.

[193] *Ibid.*

régionales, nationales et supranationales ; l'introduction de systèmes d'alternance hommes/femmes dans le cas où il existe des listes à la proportionnelle ; le financement public des partis politiques pour les encourager à promouvoir l'égalité entre les femmes et les hommes ; la modification ou la réforme des systèmes électoraux afin de promouvoir une représentation équilibrée des femmes et des hommes[194].

Les mesures suivantes peuvent être aussi mentionnées parmi les mesures d'accompagnement : Soutenir, par toutes les mesures appropriées, les programmes visant à encourager un équilibre entre les femmes et les hommes dans la vie politique et la prise de décision publique et émanant d'organisations de femmes ou de toute autre organisation œuvrant en faveur de l'égalité entre les sexes ; Inclure, dans les programmes scolaires, des activités éducatives et de formation afin de sensibiliser les jeunes à l'égalité entre les femmes et les hommes et de les préparer à l'exercice de la citoyenneté démocratique ; Informer les partis politiques des diverses stratégies utilisées dans les différents pays pour favoriser la participation équilibrée des femmes et des hommes dans les assemblées élues ; les encourager à mettre en œuvre une ou plusieurs de ces stratégies et à promouvoir une participation équilibrée des femmes et des hommes dans leurs instances dirigeantes ; Promouvoir des campagnes en direction du grand public afin de le sensibiliser à la notion de représentation équilibrée des femmes et des hommes dans les processus de prise de décision politique et publique et à son importance en tant que condition préalable à toute démocratie véritable, etc.[195]

Dans la recommandation, le pourcentage de femmes et d'hommes élu(e)s dans les parlements supranationaux/

---

[194] *Ibid.*, paras. 1, 3,4, 5.

[195] *Ibid.,* paras.18, 23, 27.

nationaux/fédéraux/régionaux et dans les assemblées locales selon les partis politiques et le pourcentage de femmes et d'hommes élu(e)s dans les parlements supranationaux/nationaux comparé au pourcentage de candidates et de candidats selon les partis politiques (taux de réussite) sont également déclarés comme des indicateurs pour mesurer les progrès accomplis dans le domaine de la prise de décision politique et publique[196].

En 2003, l'APCE a adopté la résolution 1348 (2003) sur la représentation paritaire au sein de l'APCE. Dans cette résolution, l'APCE déclare que « pour être véritablement représentatif, un parlement doit être le reflet de l'électorat qu'il entend servir, lequel se compose pour moitié de femmes[197] ». Elle invite les parlements nationaux, lorsqu'ils élisent leurs représentants à l'APCE faire en sorte que les délégations nationales auprès de l'APCE comprennent un pourcentage de femmes au moins égal à celui que compte leur parlement national, en se fixant pour objectif une proportion de 30 % au minimum[198].

Dans sa recommandation 1676 (2004) sur la participation des femmes aux élections, l'APCE recommande au CM d'élaborer une charte de l'égalité électorale dans laquelle les États membres du Conseil de l'Europe souscrivent à une action concertée ayant pour but de garantir les droits électoraux des femmes et d'accroître la participation de celles-ci aux élections[199].

Selon la recommandation, la Charte doit fixer l'objectif de porter à 40 % d'ici à 2020 le taux minimal de

---

[196] *Ibid.*, par.44 (i), (ii).

[197] L'APCE, Résolution 1348 (2003) sur la représentation paritaire au sein de l'Assemblée Parlementaire, 30 septembre 2003, par.3.

[198] *Ibid.*, par.7.1.a.

[199] L'APCE, Recommandation 1676 (2004) sur la participation des femmes aux élections, 5 octobre 2004, par.6.

représentation des femmes au sein du parlement et des autres assemblées élues. Elle mentionne, parmi les autres, ces mesures suivantes relatives aux mesures positives, aux seuils de parité et aux quotas : Supprimer tout ce qui, dans la Constitution ou la législation, fait obstacle à des mesures positives visant à l'égalité des sexes ; Encourager les partis politiques à adopter des mesures positives afin d'assurer une plus grande représentation des femmes candidates ; Adopter des réformes législatives consistant à instituer des seuils de parité pour les candidats aux élections locales, régionales, nationales et supranationales ; Ajuster ou réformer le système électoral, afin d'y promouvoir une représentation équilibrée des sexes, lorsqu'il est démontré que ce système a des incidences négatives sur la représentation politique des femmes au sein des organes élus ; Instituer, pour l'établissement des listes de parti, des quotas n'avantageant aucun des deux sexes ; Agir à travers le financement public des partis politiques pour encourager ces derniers à promouvoir l'égalité des sexes, etc.[200]

En ce qui concerne des quotas, l'APCE déclare que « les systèmes à double quota (l'alternance de type 'zèbre' ou 'fermeture éclair' par exemple) sont particulièrement recommandés, car ils garantissent aux femmes des positions éligibles sur chaque liste ; les quotas doivent être limités dans le temps et proportionnés aux besoins[201] ».

En 2006, l'APCE a adopté la résolution 1489 (2006) sur les mécanismes visant à garantir la participation des femmes à la prise de décision. Dans cette résolution, elle invite les États membres à se donner pour objectif de parvenir à l'équilibre entre les femmes et les hommes dans les processus décisionnels, en commençant par atteindre

---

200 *Ibid.*, par. 6 (2).

201 *Ibid.* par. 6 (2) (f).

une masse critique d'au moins 40 % de femmes dans toutes les instances gouvernementales et élues[202].

L'APCE demande aux États membres de donner priorité à la mise en œuvre de la Recommandation Rec(2003) 3 du CM ; de réviser les règles, les procédures et, si nécessaire, les systèmes électoraux pour qu'ils intègrent la dimension de l'égalité entre les femmes et les hommes pour atteindre, d'ici à 2020, une représentation minimale de 40 % de femmes au sein de leurs parlements et des autres assemblées élues et de donner des incitations financières aux partis politiques qui atteignent l'objectif d'une participation d'au moins 40 % de femmes dans les instances dirigeantes du parti et parmi les candidats élus[203].

L'APCE a adopté la résolution 1706 (2010) sur augmenter la représentation des femmes en politique par les systèmes électoraux en 2010. Dans cette résolution, l'absence de représentation égale des femmes et des hommes dans le processus de prise de décision politique et publique est considérée comme « une menace pour la légitimité des démocraties et une violation du droit fondamental à l'égalité hommes-femmes[204] ».

L'APCE demande aux États membres de réformer leur système électoral pour le rendre plus favorable à la représentation des femmes au parlement. La réforme est demandée à la fois pour les États dotés d'un système électoral de représentation proportionnelle et les États dotés d'un système électoral majoritaire.

---

[202]APCE, Résolution 1489 (2006) sur les mécanismes visant à garantir la participation des femmes à la prise de décision, 17 mars 2006, par.6.1.

[203] *Ibid.* paras. 6.2, 6.9, 6.10.

[204] APCE, Résolution 1706 (2010) sur augmenter la représentation des femmes en politique par les systèmes électoraux, 27 janvier 2010, par.6.

Selon la résolution, les États possédant un système électoral de listes proportionnelles doivent « prévoir l'introduction d'un quota légal prévoyant non seulement une forte proportion de candidates (idéalement au moins 40 %), mais également des règles strictes de placement de ces candidates sur les listes (dans le cadre, par exemple, d'un système d'alternance hommes/femmes) et des sanctions effectives en cas de non-respect (de préférence non financières, visant plutôt la non-acceptation de candidats/listes de candidats), idéalement dans une grande circonscription et/ou une circonscription recouvrant l'ensemble du territoire national, en le combinant avec des listes bloquées[205] ».

De même, les États possédant un système à scrutin majoritaire doivent « prévoir l'introduction du principe selon lequel chaque parti choisit pour la candidature dans une circonscription uninominale entre au moins une candidature féminine et une candidature masculine ; ou bien trouver d'autres manières de garantir une meilleure représentation des femmes en politique, comme l'instauration de quotas obligatoires novateurs pour les femmes dans les partis politiques, ou des listes composées uniquement de femmes, ou le jumelage de circonscriptions, en assortissant une fois de plus ces dispositifs de sanctions effectives, en cas de non-respect[206] ».

En ce qui concerne les quotas, les États doivent aussi encourager les partis politiques à adopter volontairement des quotas par sexe et autres mesures positives, y compris dans leurs propres structures décisionnelles, tout particulièrement dans leur structure responsable de la désignation des candidats aux élections[207].

---

205 *Ibid.*, par.6.3.1.

206 *Ibid.*, par.6.3.2.

207 *Ibid.*, par. 6.5.

Dans la recommandation 1899 (2010) sur augmenter la représentation des femmes en politique par les systèmes électoraux, l'APCE s'est également référée à la résolution 1706 (2010)[208].

Dans cette recommandation, elle invite le CM à poursuivre ses travaux dans ce domaine, et à encourager les États membres à prendre les mêmes mesures mentionnées dans sa résolution 1706 (2010) : Réformer leurs systèmes électoraux, assortir les dispositions de leurs constitutions et de leurs lois électorales relatives à l'égalité des sexes et à la lutte contre la discrimination des dérogations nécessaires pour autoriser des mesures de discrimination positive en faveur du sexe sous-représenté et adopter des mesures telles qu'une éducation civique égalitaire et l'élimination des clichés sexistes et des préjugés à l'égard des femmes candidates[209].

En 2012, l'APCE a adopté la résolution 1898 (2012) sur les partis politiques et la représentation politique des femmes. Dans cette résolution, elle note que le taux de représentation des femmes dans les parlements nationaux des États membres du Conseil de l'Europe est de 23 % alors que les femmes représentent environ 51 % de la population[210].

Selon le Conseil, « cette moyenne cache une disparité considérable entre un tout petit nombre de pays où la représentation des femmes au parlement dépasse 40 % (…) et un groupe beaucoup plus important de pays où elle est inférieure à 20 % (…), voire dans certains cas inférieure à 10 %[211] ». Dans ce cadre, il faut aussi noter

---

[208] APCE, Recommandation 1899 (2010) sur augmenter la représentation des femmes en politique par les systèmes électoraux, 27 janvier 2010.

[209] *Ibid.*, par.2.

[210] APCE, Résolution 1898 (2012) sur les partis politiques et la représentation politique des femmes, 3 octobre 2012, par.1.

[211] *Loc.cit.*

que la Turquie est mentionnée dans le groupe des États où la représentation des femmes au parlement est inférieure à 20 %[212].

L'APCE recommande aux partis politiques des États membres d'appliquer les bonnes pratiques comme les suivantes : S'engager officiellement dans leurs statuts à respecter l'égalité entre les femmes et les hommes, et à pratiquer une approche intégrée de l'égalité ; Instaurer un quota minimal de 40 % pour le sexe sous-représenté dans leurs organes exécutifs à tous les niveaux ; Dans le cas des systèmes électoraux proportionnels, instaurer un quota minimal de 40 % pour le sexe sous-représenté dans les listes de candidats, assorti de règles relatives à l'ordre de placement des candidats et aux positions en tête de liste (l'alternance hommes/femmes étant le système à privilégier), visant spécifiquement à garantir la parité ; Dans le cas des systèmes électoraux majoritaires, encourager la présélection de candidats du sexe sous-représenté, le cas échéant au moyen de « listes entièrement composées de femmes » ou de listes prioritaires comportant un nombre égal de personnes des deux sexes, etc.[213]

En outre, elle invite les États membres de prendre les mesures suivantes : « Adopter des lois permettant aux partis de mener des actions positives en faveur du sexe sous-représenté, y compris en matière électorale ; Prévoir des subventions spéciales pour les partis politiques qui mènent des actions positives en faveur de la représentation ou de la participation des femmes, telles que l'instauration de quotas par sexe ; Instaurer et appliquer systématiquement un dispositif efficace de sanctions à l'encontre des partis politiques qui ne s'acquittent pas de

---

[212] En 2021, même après neuf ans, la représentation des femmes au Parlement turc reste malheureusement inférieure à 20 %.

[213] *Ibid.*, pars. 6.1, 6.6-6.8.

leurs obligations légales en matière de parité ; Réaliser un audit pour évaluer dans quelle mesure le système électoral est conçu de manière à favoriser l'égalité entre les femmes et les hommes ; Faire largement connaître les ' Lignes directrices sur la réglementation des partis politiques", publiées en 2010 par le Bureau des institutions démocratiques et des droits de l'homme de l'Organisation pour la sécurité et la coopération en Europe (OSCE/BIDDH) et la Commission européenne pour la démocratie par le droit (Commission de Venise)[214] ».

L'APCE a adopté la résolution 2111 (2016) sur l'évaluation de l'impact des mesures destinées à améliorer la représentation politique des femmes en 2016. Dans la résolution, les quotas électoraux sont définis comme « les moyens les plus efficaces d'obtenir des progrès rapides et significatifs, à condition d'être correctement conçus et systématiquement appliqués ». Ils doivent « être adaptés au système électoral en vigueur, fixer des objectifs ambitieux et s'accompagner de sanctions strictes en cas de non-respect des règles[215] ».

Dans cette résolution l'APCE explique les facteurs politiques, sociaux, économiques et culturels qui sont déterminants pour la participation des femmes à la vie publique. Les mesures positives telles que les quotas imposés par loi ou volontaires, les systèmes électoraux, les partis politiques et leurs statuts, les critères de sélection des candidats, les réglementations et l'action d'organisations non gouvernementales (ONG) et d'associations sont mentionnés parmi les facteurs politiques[216].

---

[214] *Ibid.*, par. 7.

[215] APCE, Résolution 2111 (2016) sur l'évaluation de l'impact des me mesures destinées à améliorer la représentation politique des femmes, 21 avril 2016, par. 2.

[216] *Ibid.*, par.4.

Le facteur politique le plus important est déclaré comme « la consécration, dans la constitution, du principe de l'égalité entre les hommes et les femmes, qui se reflète ensuite dans la législation et dans l'action des gouvernements et des institutions[217] ».

En ce qui concerne les systèmes électoraux, elle souligne l'importance des systèmes entièrement ou partiellement fondés sur une représentation proportionnelle parce qu'ils semblent plus efficaces pour promouvoir l'élection de candidates que des systèmes pluralité/majorité entièrement fondés sur un scrutin uninominal[218].

Selon la résolution, les États membres doivent envisager l'introduction du principe de parité dans leur constitution ou dans leur législation électorale[219]. L'APCE déclare son soutien au principe de la parité de sexes : « (Le principe) représente un pas en avant supplémentaire par rapport aux mesures positives et le but ultime en matière de représentation politique et l'application systématique de ce principe exige de l'État qu'il aille au-delà de l'adoption de mesures positives et qu'il garantisse la représentation égale des femmes et des hommes au sein des organes élus et d'autres institutions à tous les niveaux [220] ».

En ce qui concerne les quotas et les autres mesures positives, les États membres doivent envisager prendre les mesures suivantes : « Inclure, si possible, dans la législation sur le fonctionnement des partis politiques des règles relatives à la désignation des candidats visant à garantir une représentation égale des genres ; Instaurer des sanctions applicables en cas de non-respect des mesures

217 *Loc.cit.*

218 *Ibid.,* par.11.

219 *Ibid.,* par.15.1

220 *Ibid.,* par.16.

positives, telles que le rejet des listes de candidats non conformes ; veiller à ce que des organes indépendants comme les tribunaux à compétence électorale ou les commissions électorales supervisent l'application des quotas et autres mesures positives, et à ce qu'ils infligent des sanctions ; prévoir des ressources humaines et financières suffisantes pour garantir le bon fonctionnement des organes en question ; S'efforcer d'adopter une législation électorale prévoyant des obligations strictes de placement des candidats ou des binômes de candidats de genre opposé ; Suivre régulièrement l'impact de la mise en œuvre des quotas et autres mesures positives visant à accroître la représentation politique des femmes et proposer des recommandations pertinentes, etc.[221] ».

Le nombre des États membres du Conseil de l'Europe est de 47. Selon les statistiques de l'année 2021, les États membres peuvent être catégorisés sur la base du taux de la représentation des femmes dans les parlements nationaux[222]. Dans les huit États membres, la représentation des femmes dans les parlements nationaux est entre 10 % et 20 %[223]. Dans les 16 États membres, la représentation parlementaire des femmes est entre 20 % et 30 %[224]. Dans les 16 États membres, la représentation

---

[221] *Ibid.*, par.15.2

[222] Conseil de l'Europe, Égalité entre les sexes dans les parlements (représentation minimale de %40 de chaque sexe), https://www.coe.int/fr/web/electoral-assistence/gender-equality-in-parliaments; Données électorales par pays, https://www.coe.int/fr/web/electoral-assistance-elecdata (pages consultées le 7 novembre 2021).

[223] Ils sont la Turquie, l'Azerbaïdjan, la Chypre, la Hongrie, le Luxembourg, la Malte, la Fédération de Russie et la Roumanie

[224] Ces États sont l'Albanie, l'Arménie, la Bosnie-Herzégovine, la Bulgarie, la République tchèque, la République slovaque, l'Estonie, la Grèce, l'Irlande, la Lituanie, la République de Moldova, le Monténégro, la Slovénie, l'Ukraine, la Géorgie et le Liechtenstein.

parlementaire des femmes est entre 30 % et 40 %[225]. Seulement les sept États, atteignent la représentation minimale de 40 % de chaque sexe qui est prévue dans la recommandation 2003(3) du CM. Ils sont la Finlande, la Suède, l'Espagne, la Belgique, l'Andorre, la Suisse et la Norvège[226].

La Turquie est dans le groupe des huit États où la représentation parlementaire des femmes est entre 10 % et 20 %[227]. Le taux de la représentation des femmes au Parlement turc est de 17,32 %[228]. Il faut aussi rappeler que l'Assemblée parlementaire a mentionné la Turquie dans le groupe des États où la représentation des femmes au parlement était inférieure à 20 % en 2012[229]. Malheureusement, en 2021, le pourcentage des femmes élues est encore inférieur à 20 %.

Il faut aussi noter qu'en dépit des recommandations/ résolutions du Conseil de l'Europe, la Turquie n'a pas encore amendé sa législation électorale afin d'instaurer un quota minimal de 40 % pour le sexe sous-représenté. Dans le rapport sur les élections présidentielle et

---

225 Ils sont la France, l'Allemagne, l'Autriche, l'Italie, l'Islande, le Danemark, la Lettonie, le Pays-Bas, le Monaco, le Portugal, la Serbie, le Royaume-Uni, la Macédoine du Nord, la Croatie, la Pologne et le Saint Marin.

226 Selon les données électorales de 2021, les pourcentages des femmes élues sont 47 % en Finlande; 46,1 % en Suède; 44 % en Espagne; 43,3 % en Belgique; 42,9 % en Andorre; 42 % en Suisse et 41,4 % en Norvège.

227 Selon les données électorales de 2021, les pourcentages des femmes élues sont 19,6 % en Chypre ; 18,8% en Roumanie ; 18,3 % en Luxembourg ; 17,6 % en Azerbaïdjan ; 17,3 % en Turquie ; 14,9 % en Malte ; 12,7 % en Fédération de Russie et 11,6 % en Hongrie.

228 Türkiye Büyük Millet Meclisi (TBMM), Cinsiyete göre Dağılım, https://www.tbmm.gov.tr/develop/owa/milletvekillerimiz_sd dagilim (page consultée le 6 novembre 2021).

229 APCE, Résolution 1898 (2012) sur les partis politiques et la représentation politique des femmes, *op.cit.,* par.1.

législative du 24 juin 2018, l'APCE a constaté que les femmes restaient sous-représentées dans la vie politique. Elle a déclaré qu'alors que la constitution garantit l'égalité des sexes, il n'existe pas des obligations légales pour les partis politiques de désigner des femmes candidates et certains partis ont positivement mis en place de quotas de femmes qui sont des quotas volontaires[230]. Le rapport a aussi indiqué que 996 femmes (20,5 %) se sont inscrites comme candidates mais seulement 5,4 % d'entre elles ont été placées en tête de liste électorale[231].

---

[230] PACE, Observation of the early presidential and parliamentary elections in Turkey (24 June 2018), Doc.14608, 3 September 2018, p.23.

[231] L'APCE a constaté le suivant : « The law does not envisage gender quotas but some parties have introduced voluntary measures or taken political commitments to increase women's presence in their lists ». *Ibid.*, p.10, par.64.

TITRE III

LA NÉCESSITÉ D'UNE RÉFORME LÉGISLATIVE POUR RENFORCER LA REPRÉSENTATION PARLEMENTAIRE DES FEMMES

Sur la base des cinq rapports nationaux de la Turquie et des documents du CEDEF qui couvrent les listes de points et de questions concernant ces rapports périodiques, les comptes rendus analytiques des séances et les observations finales du CEDEF, la représentation des femmes au Parlement turc peut être considérée l'un des principaux sujets entre la Turquie et le CEDEF de 1987 à 2017.

Pendant ces trente ans, le CEDEF a noté certains développements positifs de la Turquie mais, en même temps, il a souligné la représentation insuffisante des femmes au Parlement turc. Dans ses observations finales sur le septième rapport périodique de la Turquie, le CEDEF a également déclaré qu'il est préoccupé par « la faible participation des femmes à tous les niveaux de la prise de décisions, sur le plan national et local », y compris au sein du Parlement turc, parce que la participation politique des femmes est « inférieure à la moyenne mondiale et a même diminué après les élections de novembre 2015[232] ».

Dans les mêmes observations finales de 2017, le CEDEF a également indiqué sa préoccupation pour « l'absence de mesures concrètes pour remédier aux causes profondes de ce manque de participation,

[232] CEDAW, Observations finales concernant le septième rapport périodique de la Turquie, CEDAW/C//TUR/ C O/7, *op.cit.*, p.13.

notamment les comportements sociaux et culturels prédominants[233] ».

Dans sa recommandation sur la participation équilibrée des femmes et des hommes à la prise de décision politique et publique, le CM a mentionné que la représentation de chacun des deux sexes au sein d'une instance de décision dans la vie politique ou publique ne doit pas être inférieure à 40 %[234].

Dans son rapport sur l'élection législative turque de 2018, l'APCE a aussi déclaré que les femmes restent sous-représentées dans la vie politique turque[235]. Comme le taux de la représentation parlementaire des femmes est seulement de 17,32 %, ce pourcentage reste encore loin des 40 % prévus dans la recommandation du CM[236].

Toutes ces données démontrent qu'il est nécessaire d'accroitre la représentation politique des femmes dans la vie politique en général et au parlement en particulier. Il ressort des documents du CEDEF- qui couvrent les rapports nationaux de la Turquie et les rapports du CEDEF- que la réforme doit être particulièrement relative aux amendements constitutionnels et législatifs.

Au cours des sept périodes de rapport, le CEDEF a notamment pris en compte deux dimensions principales de la question de la sous-représentation. La première est la législation nationale, y compris la Constitution et la

---

[233] *Ibid.*, p.14.

[234] CM, Recommandation Rec (2003)3 du Comité des Ministres aux Etats sur la participation équilibrée des femmes et des hommes à la prise de décision politique et publique, 12 mars 2003.

[235] PACE, Observation of the early presidential and parliamentary elections in Turkey (24 June 2018), *op.cit*, p.23.

[236] À l'heure actuelle, la représentation parlementaire des femmes est de 17,32 %. Il y a 101 femmes sur un total de 583 députés. Voir Türkiye Büyük Millet Meclisi (TBMM), Cinsiyete göre Dağılım, https://www.tbmm.gov.tr/develop/owa/milletvekillerimiz_sd.dagilim (page consultée le 6 novembre 2021).

seconde est l'approche des partis politiques turcs à l'égard de la représentation parlementaire des femmes.

Même lors de l'examen du rapport initial de la Turquie en 1990, les membres du CEDEF ont demandé à la représentante turque quelles mesures avaient été prises pour accroitre le nombre de femmes au parlement et pourquoi la proposition visant à instaurer un système de quotas n'avait pas été retenue[237].

Dans ses rapports périodiques, la Turquie a adopté de différentes approches sur le rôle des partis politiques concernant l'augmentation de la représentation parlementaire des femmes. Pendant l'examen des deuxième et troisième rapports périodiques, la représentante a déclaré que « le moyen le plus efficace qu'ont les femmes de devenir membres du parlement est le système de quotas ou la nomination par le siège du parti[238] ».

Toutefois, l'argument de la représentante n'était pas étayé par la pratique en raison des choix différents ou/et des applications différentes des partis politiques au cours de la période considérée. Les initiatives lancées par certains partis politiques en vue d'encourager la participation des femmes à la vie politique n'ont pas atteint l'ampleur souhaitée[239].

Dans ses quatrième et cinquième rapports périodiques, au lieu de souligner le rôle des partis politiques, la Turquie a souligné l'importance des amendements constitutionnels qui ouvrent la voie à l'adoption de mesures temporaires spéciales telles que les quotas. Puisque les quotas

---

[237] Nations Unies, Rapport du Comité pour l'élimination de la discrimination à l'égard des femmes, A/45/38, *op.cit.*, p.61, par. 295; CEDAW, Summary record of the 161st meeting, CEDAW/C/SR.161, *op.cit.,* p.11.

[238]CEDAW, Deuxièmes et troisièmes rapports périodiques des Etats parties, Turquie, CEDAW/C/TUR/2-3, *op.cit.,* p.45.

[239] *Ibid.*, pp.20, 45.

appliqués par certains partis politiques étaient inefficaces pour augmenter la représentation parlementaire des femmes, la Turquie a mis accent sur l'importance des amendements constitutionnels.

Dans le rapport, il était également indiqué que des quotas n'étaient adoptés que pour les organes administratifs de certains partis politiques et qu'ils n'étaient pas appliqués par les partis politiques pour déterminer leurs listes de candidats[240].

Néanmoins, dans le septième rapport périodique, la Turquie a de nouveau souligné le rôle des partis politiques pour augmenter la participation des femmes à la vie politique. La Turquie a évalué que l'augmentation du nombre de femmes au parlement (le renforcement de la représentation féminine lors des élections générales et locales) était, parmi les autres, le fruit des mesures spéciales mises en place par les partis politiques comme l'exemption des frais de présentation pour les femmes, l'inclusion des femmes en tête de listes de candidats[241].

Comme on peut le déduire également dans les rapports de la Turquie, les approches des partis politiques turcs à l'égard de la représentation parlementaire des

---

[240] «..Par exemple, si certains partis ont bien défini un pourcentage minimal de sièges qui devaient être réservés aux femmes dans leurs organes administratifs, dans la pratique ces chiffres n'ont pas été suffisamment élevés et n'ont pas suffi à accroître la représentation des femmes au parlement...Aucun parti politique n'a établi sa liste de candidats selon un système de quotas…» Voir CEDAW, Quatrième et cinquième rapports périodiques des États parties, Turquie, CEDAW/C/TUR/4-5, *op.cit*., p.24.

[241] CEDAW, Consideration of reports submitted by state parties under article 18 of the Convention, Seventh periodic States parties due in 2014 Turkey, CEDAW/C/TUR/7, 9 December 2014, pp.15, 16, paras. 90, 91 ; CEDAW, Examen des rapports présentés par les Etats parties en application de l'article 18 de la Convention, Septième rapport périodique que les États parties devaient présenter en 2014 Turquie, CEDAW/C/TUR/7, *op.cit*., p.17, pars. 90, 91.

femmes sont différentes les unes des autres. Les partis politiques turcs ont des différents choix et des différentes applications concernant le système de quotas. Certains des partis politiques n'appliquent pas de quota alors que d'autres l'appliquent.

Il faut aussi noter qu'au début, les partis politiques adoptant les quotas volontaires, les ont appliqués seulement aux organes administratifs de leurs partis. L'application des quotas pour déterminer les listes de candidates est relativement récemment adoptée par ces partis politiques.

En outre, comme mentionné dans les quatrième et cinquième rapports périodiques de la Turquie, si les partis politiques adoptant des quotas ne sont pas arrivés à être représentés au parlement, ces quotas peuvent également devenir inefficaces pour accroitre la représentation des femmes au parlement[242].

En plus, comme souligné dans le septième rapport périodique de la Turquie, l'inclusion des femmes en tête de listes de candidats est très importante pour accroitre le nombre de femmes au parlement[243]. Pour cette raison, l'inclusion des femmes en tête de listes de candidats doit être spécialement prise en considération pour déterminer les approches des partis politiques sur la représentation parlementaire des femmes.

Aujourd'hui, il y a des principales catégories de quotas électoraux utilisées par les États lors des élections législatives. Ces quotas peuvent être généralement catégorisés en trois groupes : Les sièges réserves, les

---

[242] «...Un seul parti représenté au parlement a réservé 10 % de ses sièges aux femmes et trois autres, qui avaient adoptés des quotas de 25 % à 35 %, ne sont pas arrivés à être représentés, ce qui fait que cette innovation n'a servi à rien ». Voir CEDAW, Quatrième et cinquième rapports périodiques des États parties, Turquie, CEDAW/C/TUR/4-5, *loc.cit.*

[243] *Ibid.*

quotas légaux des candidats et les quotas adoptés par les partis politiques[244]. Il y a aussi des autres classifications. Les quotas peuvent également être divisés en deux principaux groupes: Les quotas imposés par la Constitution et par la loi et les quotas imposés au sein des partis politiques[245]. En outre, on peut aussi catégoriser les quotas en deux groupes comme les quotas des candidats et les sièges réserves[246].

La catégorie des sièges réserves prévoit réserver des sièges pour les femmes dans les parlements. Autrement dit, elle régule le nombre des femmes élues dans les parlements. En ce qui concerne l'obligation d'appliquer cette catégorie de quota, les sièges réserves peuvent être

---

[244] IDEA, Quotas, https://www.idea.int/data-tools/data/gender-quotas/quotas (page consultée le 4 décembre 2019).

[245] Dahlerup (Drude), « Les recours aux quotas pour augmenter le nombre des femmes dans les instances parlementaires », in *Les Femmes au parlement: Au dèla du nombre,* (éds) Julie Ballington et Marie-José Protais, Stockholm, International IDEA, 2002, p.111; Dahlerup (D.) et Freidenvall (L.), « Quotas as a 'fast track' to equal representation for women », in *International Feminist Journal of Politics*, 2005, 7:1, p.32.

[246] Dans son article, Dahlerup a fait référence aux « quotas de candidats » et aux « sièges réserves ». Les quotas de candidats couvrent les quotas légaux des candidats (legal candidate quotas) et les quotas volontaires adoptés par les partis politiques (voluntary party quotas) : « The two most common types of electoral gender quotas are candidate quotas and reserved seats. Candidate quotas specify the minimum percentage of candidates for election that must be women, and apply to political parties' list of candidates for election. Legal candidate quotas are laid down in the constitution, in electoral laws or in political party laws...Voluntary party quotas are adopted voluntarily by political parties...Reserved seats set aside a certain number of seats for women among representatives in a legislature, specified either in constitution or by legislation..» Voir Dahlerup (Drude), « Increasing Women's Political Representation : New Trends in Gender Quotas », in *Women in Parliament : Beyond Numbers A Revised Edition*, éds. Jullie Ballington et Azza Karaam, Stockholm, International IDEA, 2005, p.142.

déclarés dans la Constitution et/ou la législation électorale[247].

Les quotas adoptés par les partis politiques sont des quotas volontaires. Ils sont relatifs aux nombres des femmes dans la liste des candidats des partis politiques. L'obligation d'appliquer cette catégorie de quota n'est pas une obligation prévue dans la Constitution et/ou la législation relative aux élections et aux partis politiques. Elle dépend des décisions des partis politiques. Les quotas volontaires peuvent être prévus dans les statuts et les programmes des partis politiques[248].

La catégorie des quotas légaux des candidats est relative aux nombres des femmes dans la liste des candidats des partis politiques. La Constitution et/ou la législation électorale exigent une certaine présence des femmes (une présence minimale de femmes) sur les listes de candidats de tous les partis politiques[249]. L'obligation d'appliquer cette catégorie de quota est une obligation légale prévue dans la Constitution et/ou dans la législation relative aux élections et aux partis politiques.

Selon les données de Quota Project, les 59 États ont adopté des quotas légaux des candidats et les 26 États ont adopté des sièges réserves[250]. Dans les 56 États, certains partis politiques appliquent des quotas volontaires[251].

---

[247] *Ibid.*; IDEA, Quotas, *loc.cit.*

[248] Le rapport de Freidenvall et Dahlerup explique les quotas de partis politiques comme suit : « (Party quotas/Voluntary party quotas) are usually implemented by party congresses through party statutes, party programs and additional party rules ». Voir Freidenvall (Lenita) et Dahlerup (Drude), *Electoral Gender Quota Systems and Their Implementation in Europe Update 2013*, European Parliament Directorate-Generale for Internal Policies, Policy Department C: Citizen's Rights and Constitutional Affairs, Gender Equality, Brussels, European Union, 2013, p.6.

[249] IDEA, Quotas, *loc.cit.*

[250] IDEA, Legislated candidate quotas, https.//www.idea.int/data-tools /gender-quotas/legislative-overview (page consulté le 10 novembre

À la Turquie, des quotas volontaires sont seulement appliqués par certains partis politiques. La Turquie a organisé une élection législative le 24 juin 2018. Après l'élection législative du 24 juin 2018, seuls les cinq partis politiques sont représentés au parlement. Ils sont le Parti de la justice et du développement (AKP), le Parti républicain du peuple (CHP), le Parti d'action nationaliste (MHP), le Parti démocratique des peuples (HDP) et le Bon parti (İYİ).

Selon le Statut de CHP, un quota de 33 % est appliqué aux candidats de l'élection législative qui sont déterminés par le comité central du parti (Parti Meclisi)[252]. 15 % de tous les candidats est déterminé par ce comité[253]. Autrement dit, le quota de 33 % ne concerne que 15 % du nombre total de candidats déterminés par cet organe central du parti. Ce quota n'est pas appliqué à la liste entière relative aux candidats de l'élection législative.

Selon le Statut de HDP, il applique une représentation au moins égale en faveur des femmes à tous les mécanismes de prise de décision[254]. Le HDP également mentionne dans sa déclaration qu'il approuve une représentation égale à 50 % des femmes[255].

2021) ; IDEA, Reserved seats, https://www.idea.int/data-tools/data/gender-quotas/reserved-overview (page consulté le 10 novembre 2021).

[251] IDEA, Voluntary political party quotas, https://www.idea.int/data-tools/data/gender-quotas/voluntary-overview (page consulté le 10 novembre 2021).

[252] Ce quota est un « quota de genre neutre (gender neutral quota) ». Cumhuriyet Halk Partisi, Cumhuriyet Halk Partisi Tüzüğü, 10 Mart 2018, les articles 56 (1) et 21(7) du Statut de CHP, pp.57, 28.

[253] *Ibid.* l'article 52 (3), (4) du Statut, p.55.

[254] Halkların Demokratik Partisi, Halkların Demokratik Partisi Tüzüğü, 22 Haziran 2014, l'article 3 (e) du Statut.

[255] Dans la déclaration, son approche sur la représentation égale des femmes est expliquée comme suit : «...We believe that the representation of women cannot be limited by any quota system. HDP

Selon le Statut d'İYİ, un quota d'au moins 25 % est appliqué aux candidats de l'élection législative qui sont déterminés par la méthode décidée par le Conseil d'administration générale du parti[256]. En d'autres termes, ce quota n'est pas appliqué aux autres candidats de l'élection législative qui sont déterminés par les autres méthodes comme la présélection[257].

L'AKP et le MHP - les deux autres partis politiques qui sont représentés au parlement après l'élection législative de 2018- n'ont pas adopté de quota de femmes ou de quota de genre neutre dans leurs statuts[258].

À l'élection législative du 24 juin 2018, il n'y avait que 996 femmes sur un total de 4851 candidats[259]. 996 femmes candidats comprenaient non seulement des candidats de partis politiques mais aussi des candidats indépendants. Ainsi, il n'y avait que 985 femmes sur un total de 4783 candidats des partis politiques[260]. Les femmes, y compris les indépendantes, ont représenté 20,53 % de tous les

---

endorses an equal % 50 representation of women...» Voir HDP, « Our Labor, Our Bodies, Our Identities and Our Will is Ours », https://www.hdp.org.tr/en/hdp-woman/statements-and-others/our-labor-our-bodies-ouridentitiesand-our-will-is-ours/9022, (page consultée le 24 décembre 2019).

[256] Ce quota est un « quota de genre neutre (gender neutral quota) ». İYİ Parti, İYİ Parti Tüzüğü, les articles 13 et 70 (C) du Statut, pp.10, 38.

[257] *Ibid.* L'article 70 (A), (B), (D) du Statut.

[258] Adalet ve Kalkınma Partisi, AK Parti Tüzük, Ocak 2019 ; Milliyetçi Hareket Partisi, MHP Parti Tüzüğü, 9. Olağan Büyük Kurultayı, 8 Kasım 2009. Il faut aussi noter que certains partis politiques adoptant des quotas n'étaient pas représentés au parlement après l'élection législative de 2018.

[259] Yüksek Seçim Kurulu, Seçime Katılan Siyasi Partilerin Milletvekili Adaylarının Cinsiyet Dağılımı, http://www.ysk.gov.tr/tr/2018-cumhurbaskani-ve-milletvekili-secim-istatistikleri/78032 (page consultée le 18 décembre 2019).

[260] *Ibid.*

candidats. Les femmes ont représenté 20,59 % de tous les candidats des partis politiques.

L'AKP avait 126 femmes sur un total de 600 candidats. 21 % des candidats de l'AKP étaient des femmes. Le CHP avait 136 femmes sur un total de 600 candidats. 22,67 % des candidats du CHP étaient des femmes. Le MHP avait 76 femmes sur un total de 600 candidats. 12,67 % des candidats du MHP étaient des femmes. Le HDP avait 229 femmes sur un total de 600 candidats. 38,17 % des candidats du HDP étaient des femmes. Le Bon parti avait 159 femmes sur un total de 600 candidats. 26,5 % des candidats de l'İYİ étaient des femmes[261].

Après l'élection législative de 2018, l'AKP a 53 femmes députes sur un total de 295 députés. Les femmes représentent 17,97 % du nombre total des députés de l'AKP. Le CHP a 18 femmes députés sur un total de 146 députés. Les femmes représentent 12,33 % du nombre total des députés du CHP. Le MHP a 4 femmes députés sur un total de 49 députés. Les femmes représentent 8,16 % du nombre total des députés du MHP. Le HDP a 26 femmes députés sur un total de 67 députés. Les femmes représentent 38,81 % du nombre total des députés du HDP. L'İYİ a 3 femmes députés sur un total de 43 députés. Les femmes représentent 6,98 % du nombre total des députés de l'İYİ[262].

En ce qui concerne l'inclusion des femmes en tête de listes de candidats, il faut aussi noter que tous ces cinq partis politiques représentés au parlement ont seulement

[261] *Loc.cit.*

[262] Yüksek Seçim Kurulu, 27.Dönem Milletvekillerinin Cinsiyet Dağılımı, http://www.ysk.gov.tr/tr/2018-cumhurbaskani-ve-milletvekili-secim-istatistikleri/78032 (page consultée le 18 décembre 2019).

placé 36 femmes au sommet de leurs listes de candidats[263]. Le nombre des femmes qui étaient placées en tête de listes de candidats était insuffisant.

Lorsque le nombre de femmes candidats et le nombre de députés sont évalués, il en ressort que les femmes sont encore sous-représentées dans le Parlement turc. Après l'élection législative de 2018, il y avait seulement 104 femmes députés sur un total de 600 élus[264]. Le taux de la représentation des femmes au Parlement turc était de 17,33 %. En 2021, le taux de la représentation des femmes au Parlement turc est de 17,32 %. Il y a 101 femmes sur un total de 583 députés[265].

Il est clair que les partis politiques turcs jouent un rôle important dans la sous-représentation des femmes au parlement. Alors que certaines bonnes pratiques existent chez certains partis politiques, elles ne sont pas suffisantes pour changer la situation actuelle. Tous les partis politiques n'appliquent pas de quota. De plus, en ce qui concerne ceux qui l'appliquent, tous ne l'appliquent pas à la liste entière relative aux candidats de l'élection législative. En d'autres termes, le quota est seulement appliqué à une partie des candidats déterminée par la méthode prévue dans les statuts de ces partis politiques.

---

[263] Le HDP a placé 18 femmes en tête de sa liste de candidats. Le CHP a placé six femmes en tête de sa liste de candidats. L'İYİ a placé six femmes en tête de sa liste de candidats. L'AKP a placé quatre femmes en tête de sa liste de candidats. Le MHP a placé deux femmes en tête de sa liste de candidats. Tahaoğlu (Çiçek), Kadınların Sadece Yüzde 5'i İlk Sıradan Aday gösterildi http://bianet.org/bianet/toplumsal-cinsiyet/197385-kadinlarin-sadece-yuzde-5-i-ilk-sıradan-aday-gost erildi (page consultée le 18 décembre 2019).

[264] Yüksek Seçim Kurulu, 27.Dönem Milletvekillerinin Cinsiyet Dağılımı, *loc.cit.*

[265] Türkiye Büyük Millet Meclisi (TBMM), Cinsiyete göre Dağılım, *loc.cit.*

En plus, la majorité des partis politiques turcs n'ont pas adopté des règles ou des pratiques relatives au placement des femmes candidats en tête de liste des candidats ou dans la partie supérieure de la liste des candidats. Des règles strictes de placement des candidates sur la liste des candidats, comme le système d'alternance hommes/ femmes ou l'alternance de type zèbre n'ont pas adopté par la majorité des partis politiques[266]. Or, l'APCE recommande les systèmes à double quota (l'alternance de type zèbre ou fermeture éclair par exemple) car « ils garantissent aux femmes des positions éligibles sur chaque liste[267] ».

Les approches différentes des partis politiques sur la nécessité d'un système de quotas, les applications différentes des partis politiques adoptant des quotas volontaires (les taux de quotas, appliquer le quota à une partie des candidats, etc.) et généralement, le non-placement des femmes en tête de liste des candidats ou dans la partie supérieure de la liste des candidats démontrent que la représentation parlementaire des femmes ne doit pas dépendre seulement des choix et/ou des décisions des partis politiques.

Tous ces facteurs également démontrent qu'il est nécessaire d'amender la législation interne pour renforcer la représentation parlementaire des femmes. Il faut amender la législation relative aux partis politiques et à l'élection législative. Dans ce but, les amendements constitutionnels peuvent être également adoptés.

---

[266] Dans sa déclaration, le HDP a mentionné qu'il applique le système de fermeture éclair : «....We're enacting the "zipper system" ». HDP, « Our Labor, Our Bodies, Our İdentities and Our Will is Ours », *loc.cit.*

[267] L'APCE, Recommandation 1676 (2004) sur la participation des femmes aux élections, *op.cit.*, par. 6 (2) (f).

Dans le cas de la Turquie, les amendements apportés à l'article 10 de la Constitution en 2004 et 2010 ; l'application et l'interprétation de ces amendements constitutionnels après leurs entrées en vigueur sont très importantes pour déterminer la proposition de réforme relative aux amendements législatifs et constitutionnels.

En 2004, le paragraphe « Les femmes et les hommes ont les droits égaux. L'État est tenu d'assurer la mise en pratique de cette égalité » a été ajouté à l'article 10 de la Constitution relatif à l'égalité devant la loi. En ce qui concerne l'amendement constitutionnel de 2004, la représentante turque avait déclaré à la 678e séance du CEDEF que « l'application de mesures temporaires spéciales, comme d'introduire dans la loi électorale un système de quotas pour promouvoir la participation des femmes à la politique, serait possible en raison du pouvoir discrétionnaire qu'a le tribunal (constitutionnel) d'interpréter la Constitution à la lumière de la Convention[268] ».

En se référant la faible représentation des femmes dans la vie politique, y compris le Parlement turc, certains membres du CEDEF ont aussi déclaré le suivant : «...Étant donné le rôle exemplaire que joue la Turquie dans la région et le fait que l'article 10 de la Constitution reconnaît aux hommes et aux femmes des droits égaux et que l'article 90 donne la primauté aux conventions internationales, l'État partie devrait envisager de recourir à l'utilisation de mesures temporaires spéciales, comme au système des quotas, pour assurer une représentation égale des deux sexes dans la vie politique aussi bien que dans l'administration[269] ».

En dépit de toutes ces évaluations positives, la législation relative aux partis politiques et à l'élection

---

[268] CEDAW, CEDAW/C/SR.678, *op.cit.*, p.3, par.9.

[269] *Ibid.*, p.2, par.2.

législative n'a pas été amendée, après l'entrée en vigueur de l'amendement constitutionnel de 2004. Dans ses réponses à la liste des points et des questions soulevés par l'examen du sixième rapport périodique, la Turquie a aussi mentionné que « la participation des femmes à la vie politique et publique n'a pas pu atteindre les niveaux désirés en Turquie » et « il n'existe pas de mesure temporaire spéciale pour augmenter la représentation des femmes dans les mécanismes politiques... »[270].

Dans ses observations finales sur le sixième rapport périodique de la Turquie, le CEDEF a également déclaré sa préoccupation pour « l'absence de mesures temporaires spéciales, telles que les quotas, visant à améliorer la représentation des femmes dans la vie politique et publique » et il a souligné « qu'il n'existait pas de dispositions juridiques ni de législation contraignantes en vue de leur application[271] ».

En 2010, la phrase, « les mesures prises pour mettre en pratique l'égalité ne doivent pas être considérées comme contraires au principe d'égalité » a également été ajoutée à l'article 10 de la Constitution relatif à l'égalité devant la loi. Selon les motifs de la proposition de loi n° 5982, cet amendement permet à l'État de prendre certaines mesures en vue d'assurer l'égalité entre les femmes et les hommes et les mesures prises à cette fin ne doivent pas être interprétées comme contraire au principe d'égalité[272].

---

[270] CEDAW, Réponses à la liste des points et des questions soulevés par l'examen du sixième rapport périodique Turquie, CEDAW/C/TUR/Q/6/Add.1, *op.cit.,* p.35.

[271] CEDAW, Observations finales du Comité pour l'élimination de la discrimination à l'égard des femmes Turquie, CEDAW/C/TUR/CO/6, *op.cit*, p.7, par.28.

[272] Le motif de l'article 1 de la proposition de loi n° 5982. Voir Türkiye Büyük Millet Meclisi (TBMM), 7/11/1982 Tarihli ve 2709 Sayılı Türkiye Cumhuriyeti Anayasasının Bazı Maddelerinde Değişiklik Yapılması Hakkında Kanun Teklifi, p.3,

L'amendement constitutionnel de 2010 était évalué par le CEDEF avant il a été soumis au referendum le 12 septembre 2010. Le CEDEF a considéré cet amendement constitutionnel comme un aspect positif du sixième rapport périodique parce qu'il permet éventuellement « une application plus large des mesures temporaires spéciales, si elles sont approuvées à l'issue du référendum qui se tiendra en septembre 2010[273] ».

L'amendement constitutionnel a été approuvé par le référendum en 2010. Toutefois, comme mentionné dans le rapport du groupe de travail du CEDEF concernant le septième rapport périodique de la Turquie, « aucune mesure efficace n'a été prise, telle que des quotas obligatoires ou d'autres objectifs chiffrés, afin de garantir, dans la pratique, une représentation égale des femmes (...) en particulier au parlement, au gouvernement, dans l'appareil judiciaire et dans la fonction publique [274] ».

Dans ses observations finales de 2016, le CEDEF a également déclaré que « le Comité est préoccupé par la faible participation des femmes à tous les niveaux de la prise de décisions, sur le plan national et local, y compris au sein du gouvernement et du parlement...» et il a recommandé à la Turquie d'adopter des mesures temporaires spéciales, y compris des quotas, « afin de parvenir à la participation pleine et équitable des femmes à

---

https://www2.tbmm.gov.tr/d23/2/2-0656.pdf. (page consultée le 15 septembre 2019).

[273] CEDAW, Observations finales du Comité pour l'élimination de la discrimination à l'égard des femmes Turquie, CEDAW/C/TUR/CO/6, *op.cit,* pp.2, 4, paras. 6, 18.

[274] CEDAW, Liste de points et de questions concernant le septième rapport périodique de la Turquie, CEDAW/C/TUR/Q/7, *op.cit.,* p.4, par.9

la vie politique et publique et à la prise de décisions au niveau local et national…»[275].

En ce qui concerne les amendements constitutionnels, certains membres du CEDEF ont noté que les mesures temporaires spéciales n'ont pas été expressément reconnues dans la Constitution et ce fait a limité leur application dans la pratique. Il a aussi été souligné que l'application des mesures temporaires spéciales n'était limitée qu'aux domaines de l'emploi et de l'éducation[276].

En ce qui concerne les amendements législatifs, certains membres ont également noté l'autre législation qui n'était pas mentionnée dans le septième rapport périodique. Il a été souligné que dans les lois relatives aux partis politiques et aux élections législatives, il n'y avait pas aucune référence aux mesures temporaires spéciales visant à assurer une représentation égale des femmes et des hommes. Ce fait et l'absence générale de mesures visant à promouvoir la participation des femmes à la vie politique et à la prise de décisions étaient mentionnés comme un sujet de préoccupation[277]. Les membres du CEDEF ont demandé à la Turquie si elle envisageait d'adopter des mesures temporaires spéciales pour remédier à la représentation limitée des femmes en politique[278].

Dans ce contexte, il faut aussi noter qu'à la 1416e séance du CEDEF, la représentante turque a déclaré que le gouvernement était résolu à augmenter la représentation des femmes au parlement à 25 % et qu'il y avait partout

---

[275] CEDAW, Observations finales concernant le septième rapport périodique de la Turquie, CEDAW/C/TUR/ CO/7, *op.cit.,* pp.13-14, paras. 41-42.

[276] CEDAW, Summary record of the 1415th meeting, CEDAW/C/SR.1415, *op.cit,* p.7, par.35.

[277] *Ibid.*

[278] *Loc.cit.*; CEDAW, Summary record of the 1416th meeting, CEDAW/C/SR.1416, *op.cit*, p.3, par.12.

des signes de progrès à cet égard. Elle a également mentionné que des mesures visant à augmenter la participation des femmes à la vie politique ont été intégrées au dixième plan de développement[279].

Mais malheureusement, en 2021, le taux de la représentation des femmes au Parlement turc est de 17,32 %. Dans le dixième plan de développement couvrant la période 2014-2018, il a seulement été mentionné que la participation des femmes aux mécanismes de prise de décisions augmenterait[280]. Cependant, il n'y avait aucune référence au système de quotas dans le domaine politique.

Dans le onzième plan de développement couvrant les années 2019-2023, il est indiqué que des travaux encourageants seront menés pour accroître la participation active des femmes à la vie politique[281]. Des méthodes encourageantes seront développées pour accroître la participation des femmes à la vie publique et aux mécanismes de décisions publiques[282]. Toutefois, dans la sous-section concernant les femmes, il n'y a aucune référence au système de quotas.

Il faut aussi souligner que dans le onzième plan de développement, le taux de représentation des femmes au parlement n'est estimé qu'à 20 % en 2023[283]. Un taux qui est inférieur à la moyenne mondiale est indiqué comme un

---

[279] *Ibid,* par.13.

[280] Türkiye Cumhuriyeti Kalkınma Bakanlığı, Onuncu Kalkınma Planı (2014-2018), Ankara, 2013, pp.40, 41, par.251.

[281] Türkiye Cumhuriyeti Cumhurbaşkanlığı Strateji ve Bütçe Başkanlığı, 100.Yıl Türkiye Planı On Birinci Kalkınma Planı (2019-2023), Ankara, 18/07/2019, p.151, par. 600.2.

[282] *Ibid.*, par.600.8.

[283] Les données de 2023 sont les prévisions du onzième plan de développement. *Ibid*, p.153.

objectif pour l'année 2023[284]. Ce taux est également inférieur à 25 % déclaré par la représentante turque à la 1416e séance du CEDEF.

Cette situation malheureusement donne l'impression que la sous-représentation des femmes au parlement se poursuivra et qu'il n'y aura pas un travail sur l'adoption d'un système de quotas obligatoires. Pour changer la situation actuelle (la sous-représentation des femmes à la vie politique) et renforcer la représentation parlementaire des femmes, une réforme de législation, y compris la Constitution, doit être réalisée dès que possible.

En ce qui concerne la catégorie des quotas légaux des candidats, ces quotas peuvent être imposés par les constitutions ou par les lois. Comme l'indiquent certains auteurs, l'adoption un amendement législatif est moins difficile que l'adoption un amendement constitutionnel parce qu'une majorité qualifiée est généralement requise pour l'adoption d'un amendement constitutionnel[285]. Ces auteurs également indiquent qu'au stade de la mise en œuvre, la différence entre les deux différents types de bases juridiques est toutefois insignifiante et les États imposant les quotas dans leurs constitutions, généralement adoptent des réglementations sur les quotas dans leurs lois électorales[286].

---

[284] Au 1er octobre 2021, la moyenne mondiale de femmes dans les parlements nationaux est de 25,8%. Voir IPU Parline, Moyennes mondiales et régionales de femmes dans les parlements nationaux, https://data.ipu.org/fr/women-averages (page consultée le 9 novembre 2021).

[285] Dahlerup (Drude) et Freidenvall (Lenita), « Quotas as a Fast Track to Equal Representation for Women : Why Scandinavia is No Longer the Model » in *Women, Gender and Politics : A Reader,* éd. Mona Lena Krook et Sarah Childs, New York, Oxford University Press, 2010, p.178.

[286] «...Depending on how difficult it is to amend a constitution, quotas by law are generally less robust than constitutional legal systems. At the implementation stage, the difference between the two different

Dans la Constitution turque de 1982, une majorité qualifiée n'est pas également requise pour l'adoption d'un amendement législatif. Selon l'article 96 de la Constitution sur le quorum pour les réunions et les décisions, « la Grande Assemblée nationale de Turquie se réunit lorsqu'un tiers au moins du nombre total de ses membres est présent, pour toutes les questions, y compris les scrutins. Sauf disposition contraire de la Constitution, elle statue à la majorité absolue des membres présents ; cependant le quorum pour les décisions ne peut, en aucun cas, être inférieur à un quart du nombre total des membres plus un[287] ».

Cependant, une majorité qualifiée est requise pour l'adoption des amendements constitutionnels. Selon l'article 175 de la Constitution sur les amendements constitutionnels et la participation aux élections et référendums, « les amendements constitutionnels peuvent être proposés par un tiers au moins du nombre total des membres de la Grande Assemblée nationale de Turquie, et ce par écrit. Les propositions d'amendements constitutionnels sont débattues à deux reprises en assemblée plénière. Elles ne peuvent être adoptées qu'à la majorité des trois cinquièmes du nombre total des membres de l'Assemblée, et au scrutin secret...[288] ».

---

kinds of legal basis is insignificant, however. Democratic countries with constitutional quotas have usually laid down quota regulations in the electoral law as well...». *Ibid.*

[287] Digithèque MJP, Troisième partie de la Constitution de 1982, https://mjp.univ-perp.fr/constit/tr1982-2.htm (page consultée le 26 avril 2020).

[288] Il faut aussi mentionner que la majorité des trois cinquièmes ou la majorité des deux tiers du nombre total des membres de l'Assemblée sont importantes pour déterminer les types de référendum (le référendum obligatoire ou le référendum facultatif) : « Si la loi portant amendement constitutionnel adoptée à la majorité des trois cinquièmes ou à une majorité inférieure aux deux tiers du nombre total des

Alors que les amendements constitutionnels de 2004 et 2010 n'ont pas introduit un système de quotas dans la Constitution pour renforcer la participation des femmes à la vie politique, ils ont ouvert la voie à l'adoption des mesures temporaires spéciales telles que les quotas. Certains membres du CEDEF ont même déclaré que l'amendement constitutionnel à l'article 10 était « une disposition vraiment révolutionnaire » qui devrait être interprétée « non pas comme un obstacle, mais plutôt comme une base constitutionnelle solide pour adopter des mesures spéciales temporaires »[289].

Toutefois, la Turquie n'a pas introduit dans les lois électorales un système de quotas pour promouvoir la participation des femmes à la vie politique. Bien qu'il soit plus facile d'adopter des amendements législatifs, après l'entrée en vigueur des amendements constitutionnels de 2004 et 2010, la Turquie n'a pas amendé les lois relatives aux élections et aux partis politiques.

La sous-représentation des femmes au parlement démontre qu'une nouvelle révision constitutionnelle est nécessaire pour renforcer la représentation des femmes à la vie politique. De nouveaux amendements

---

membres de l'Assemblée n'est pas renvoyée à celle-ci par le Président de la République, elle est publiée au Journal officiel pour être soumise à un référendum. La loi portant amendement constitutionnel adoptée à la majorité des deux tiers du nombre total des membres de l'Assemblée, qu'elle ait ou non été renvoyée par le Président de la République, ou quelques uns de ses articles seulement, peuvent être soumis à un référendum par ce dernier. La loi portant amendement constitutionnel ou les articles concernés non soumis à un référendum sont publiés au Journal officiel. Les lois portant amendement constitutionnel soumises à un référendum ne peuvent entrer en vigueur que si elles sont acceptées à la majorité des votes valablement exprimés pendant le référendum ». Voir Digithèque MJP, Septième partie de la Constitution de 1982, https://mjp.univ-perp.fr/constit/tr1982-3.htm#7 (page consultée le 26 avril 2020).

[289] CEDAW, CEDAW/C/SR.677, *op.cit.*, pp.8-9, par.45.

constitutionnels doivent être adoptés et un système de quotas doit être explicitement mentionné dans la Constitution.

Selon l'Association des Industriels et Hommes d'affaires turcs (TÜSİAD), étant donné que la question peut être ignorée dans les cas où il est laissé à la discrétion du législateur de prendre des mesures spéciales pour accroître la participation des femmes à la vie politique, des mesures obligatoires, en particulier des quotas, devraient être inclus dans le cadre des mesures temporaires spéciales au niveau constitutionnel[290].

Dans le rapport du groupe d'initiative pour une nouvelle constitution (Constitution Platform Initiative), l'Union des chambres et des bourses de marchandises de Turquie (TOBB) déclare que des mesures constitutionnelles doivent être prises pour la réalisation de l'égalité hommes-femmes[291]. En particulier, pour les femmes, des mesures constitutionnelles doivent être adoptées afin de garantir la mise en œuvre effective du

---

290 Türk Sanayici ve İş İnsanları Derneği (TÜSİAD), Yeni Anayasa Yuvarlak Masa Toplantıları Dizisi: Yeni Anayasanın Beş Temel Boyutu, Mart 2011, p.20.

291 Ce projet était financé par le TOBB. Le groupe d'initiative pour une nouvelle constitution comprend la TOBB, la Confédération turque des associations d'employeurs (TİSK), la Confédération des syndicats turcs (TÜRK-İŞ), la Confédération des syndicats turcs authentiques (HAK-İŞ), la Confédération turque des associations d'employés du secteur public (KAMU-SEN), la Confédération des commerçants et artisants de Turquie (TESK), l'Union des chambres agricoles de Turquie (TZOB), etc. Voir Türkiye Ekonomi Politikaları Araştırma Vakfı (TEPAV), TOBB-Anayasa Platformu Projesi, https://www.tepav.org.tr/tr/proje/s/107 ; TEPAV, Constitution Platform reinitiated for social consultation to launch a new constitution, 9 avril 2010, https://www.tepav.org.tr/en/haberler/s/1576) ; Constitution Platform Initiative, Joint Statement by the Constitution Platform Initiative, 9 avril 2010, https://www.tepav.org.tr/upload/files/haber/1271675859r5310.Constitution_Platform.pdf (pages consultées le 25 juillet 2020).

principe de discrimination positive dans le domaine social et politique[292].

La Confédération des syndicats progressistes de Turquie (DİSK) a aussi adopté un rapport sur les principes fondamentaux pour une constitution libertaire, égalitaire, démocratique et social[293]. En ce qui concerne les droits politiques et spécifiquement le droit d'être élu, le rapport indique qu'une disposition relative à la discrimination positive, y compris un système de quotas, doit être incluse dans la nouvelle constitution pour assurer l'égalité hommes-femmes[294].

La Confédération des syndicats des salariés publics (KESK) déclare également que des mesures positives visant à garantir l'égalité de fait des femmes doivent être prévues dans les dispositions constitutionnelles relatives à la formation des organes de l'État[295].

Selon l'Association de recherches et d'études en droit constitutionnel, pour assurer l'égalité de fait, un quota des femmes est nécessaire dans les domaines de la représentation politique, la fonction publique et la vie professionnelle[296]. L'association de soutien aux femmes candidats (KA.DER) note également que les suggestions des organisations des femmes doivent être prises en

---

[292] Anayasa Platformu (Constitution Platform), Ulusal Çalıştay Sonuç Raporu Özeti, 2007, p.1, art. 2 (c).

[293] Türkiye Devrimci İşçi Sendikaları Konfederasyonu (DİSK), Özgürlükçü, Eşitlikçi,Demokratik ve Sosyal Bir Anayasa için Temel İlkeler (Anayasa Raporu), Ankara, DİSK Yayınları No.57, Haziran 2009.

[294] *Ibid.*, p.41.

[295] Kamu Emekçileri Sendikaları Konfederasyonu (KESK), KESK'in Anayasa Sürecine İlişkin Raporu, KESK Basın Açıklamaları, 30 Aralık 2011, https://kesk.org.tr/2011/12/30/keskin-anayasa-surecinei-liskin-raporu/ (page consultée le 27 juillet 2020).

[296] Anayasa Hukuku Araştırmaları Derneği, Anayasa Hukuku Araştırmaları Derneği Anayasa Raporu Çalışması, İstanbul, Legal Yayıncılık, Mart 2012, pp.36, 40, pars.3, 22.

compte lors de l'élaboration d'une nouvelle constitution. D'après la KA.DER, le taux de représentation des femmes dans le parlement doit être de 50 %[297].

Dans son rapport sur une nouvelle constitution turque, l'Association du Barreau de Turquie (TBB) déclare également que certains articles de la Constitution de 1982 doivent être amendés pour assurer une représentation égale des femmes et des hommes[298]. La TBB avance qu'une nouvelle disposition doit être ajoutée à l'article relatif à l'égalité. D'après cette disposition, dans la création de tous les organes publics dont les membres sont déterminés par nomination ou élection, le principe de la représentation égale des femmes et des hommes est prioritaire dans la mesure où il respecte la qualité de l'institution concernée[299].

En se basant sur cette disposition générale, le législateur et les autorités utilisant le pouvoir de nomination sont chargés d'assurer l'égalité hommes-femmes pour les organes publics non spécifiquement mentionnés dans la constitution[300]. Dans le rapport, il est spécifiquement indiqué des quotas pour certains organes publics dans les articles pertinents de la proposition d'une nouvelle constitution[301].

---

[297] Kadın Adayları Destekleme Derneği (KA.DER), « TBMM'de 453 erkek 98 kadın vekil varsa Türkiye'de 'gerçek demokrasi' yoktur ! », http://ka-der.org.tr/tbmmde-453-erkek-98-kadin-vekil-varsa-turkiyede -gercek-demokrasi-yoktur/,8 June 2015, (page consultée le 9 août 2020).

[298] L'Association du Barreau de Turquie a publié sa proposition d'une nouvelle constitution turque en 2001. Elle a révisé sa proposition d'une nouvelle constitution en 2007. Voir Türkiye Barolar Birliği (TBB), Türkiye Cumhuriyeti Anayasa Önerisi, 4.baskı, Ankara, Kasım 2007.

[299] L'article 11 de la proposition d'une nouvelle constitution turque. *Ibid.*, p.40.

[300] *Ibid.,* p.41.

[301] *Loc.cit.*

Le rapport déclare que la représentation des femmes et des hommes à la Grande Assemblée nationale de Turquie ne doit pas être inférieure à quarante pour cent et cette représentation doit être réglementée par la loi[302]. Selon la TBB, c'est une disposition pour éliminer l'inégalité de représentation entre les femmes et les hommes. Elle vise à assurer l'égalité hommes-femmes, qui est l'un des objectifs de la République, au parlement[303].

De même, en vertu de l'article relatif aux administrations locales, les femmes et les hommes doivent représenter au moins trente pour cent dans les conseils provinciaux, les conseils municipaux et les conseils municipaux métropolitains[304]. D'après la TBB, le taux de représentation minimum garantira l'égalité de représentation dans la vie professionnelle et au sein des organisations internationales[305].

Tous ces syndicats, associations et organisations professionnelles soulignent la nécessité d'adopter des amendements constitutionnels et législatifs pour renforcer la représentation des femmes dans la vie politique. En ce qui concerne les amendements constitutionnels concernant un système de quotas, la proposition de la TBB doit être particulièrement prise en considération.

Dans ce contexte, la Constitution française peut également être évaluée comme un bon exemple par la Turquie. Selon le second alinéa de l'article premier de la Constitution française, « la loi favorise l'égal accès des femmes et des hommes aux mandats électoraux et fonctions électives, ainsi qu'aux responsabilités

---

302 L'article 92 (2) de la proposition d'une nouvelle constitution turque. *Ibid.,* p.178.

303 *Ibid.,* p.179.

304 L'article 139 de la proposition d'une nouvelle constitution turque. *Ibid.*, p.241.

305 *Ibid.*, p.242.

professionnelles et sociales[306] ». En plus, l'article 4 de la Constitution déclare que les partis et groupements politiques « contribuent à la mise en œuvre du principe énoncé au second alinéa de l'article 1er dans les conditions déterminées par la loi ».

Selon l'article 9 (1) de la loi n° 88-227, « Lorsque, pour un parti ou un groupement politique, l'écart entre le nombre de candidats de chaque sexe ayant déclaré se rattacher à ce parti ou groupement, lors du dernier renouvellement général de l'Assemblée nationale, conformément au cinquième alinéa de l'article 9, dépasse 2 % du nombre total de ces candidats, le montant de la première fraction qui lui est attribué en application des articles 8 et 9 est diminué d'un pourcentage égal à 150 % de cet écart rapporté au nombre total de ces candidats, sans que cette diminution puisse excéder le montant total de la première fraction de l'aide[307] ».

Comme l'indique l'article 9 (1) de la loi, la différence entre le nombre de candidats de chaque sexe préparés par un parti ou un groupement politique dans les circonscriptions uninominales ne peut pas dépasser les 2 %[308]. Si la différence entre le nombre de candidats de chaque sexe dépasse 2 %, il y aura une sanction financière.

---

306 Le Conseil Constitutionnel, Texte intégral de la Constitution du 4 octobre 1958 en vigueur, https://www.conseil-constitutionnel.fr/sites/default/files/as/root/bank_mm/constitution/constitution.pdf (page consultée le 9 août 2020).

307 Loi n° 2014-873 du 4 août 2014 pour l'égalité réelle entre les femmes et les hommes a modifié l'article 9-1 de la loi n° 88-277. Voir Loi n° 88-277 du 11 mars 1988 relative à la transparence financière de la vie politique, https://www.legifrance.gouv.fr/affichTexte.do?cidTexte=JORFTEXT000000321646, (page consultée le 13 août 2020).

308 Selon l'article L123 du Code électoral, « Les députés sont élus au scrutin uninominal majoritaire à deux tours ». Voir Code électoral (Version consolidée au 30 juin 2020), https://www. legifrance.gouv.fr /affichCode.do;jsessionid=EB16035CDE3EB89545A321514443796

En ce qui concerne l'élection des sénateurs, « Dans les départements où les élections ont lieu à la représentation proportionnelle, chaque liste de candidats doit comporter deux noms de plus qu'il y a de sièges à pourvoir. Sur chacune des listes, l'écart entre le nombre des candidats de chaque sexe ne peut être supérieur à un. Chaque liste est composée alternativement d'un candidat de chaque sexe[309] ». Dans les départements où les élections ont lieu au scrutin majoritaire, le candidat et son remplaçant sont de sexe différent[310].

La Turquie, contrairement à la France, possède un parlement unicaméral. Le système de représentation proportionnelle est appliqué aux élections législatives. Lors de l'élaboration des amendements constitutionnels et législatifs, la Turquie peut aussi prendre en considération les articles de la Constitution française et le Code électoral français relatifs aux règles de parité, sanctions pour non-conformité aux règles de parité et celles concernant l'ordre d'apparition sur les listes de candidats.

À la lumière de toutes ces considérations, la Turquie doit amender l'article 10 de sa Constitution. Une disposition similaire au second alinéa de l'article 1er de la Constitution française doit être ajoutée à l'article 10 relatif

---

E.tplgfr31_1?cidTexte=LEGITEXT000006070239&dateTexte=20200814 (page consultée le 14 août 2020).

[309] L'article L300 du Code électoral. D'après l'article L295 du Code électoral, « Dans les départements où sont élus trois sénateurs ou plus, l'élection a lieu à la représentation proportionnelle suivant la règle de la plus forte moyenne, sans panachage ni vote préférentiel ».

[310] L'article L299 du Code électoral. D'après l'article L294 du Code électoral, « Dans les départements où sont élus deux sénateurs ou moins, l'élection a lieu au scrutin majoritaire à deux tours ». Selon l'article L303 du Code électoral, « Si une déclaration ne remplit pas les conditions prévues aux articles précédents, le préfet saisit dans les vingt-quatre heures le tribunal administratif qui statue dans les trois jours. Son jugement ne peut être contesté que devant le conseil constitutionnel saisi de l'élection ».

à l'égalité devant la loi[311]. Cette nouvelle disposition sur la parité peut être formulée comme suit : « La loi garantit l'égal accès des femmes et des hommes aux mandats électoraux et fonctions électives, ainsi qu'aux responsabilités professionnelles et sociales ».

Alternativement, similaire à l'article 11 de la proposition de la TBB, cette nouvelle disposition sur la parité peut être formulée comme suit : « Dans la création de tous les organes publics dont les membres sont déterminés par nomination ou élection, le principe de la représentation égale des femmes et des hommes (le principe de parité) doit être garanti ».

Si le Parlement turc n'adopte pas un amendement constitutionnel concernant la parité, il doit adopter des amendements constitutionnels fixant un quota de femmes d'au moins 40 %. Instaurer un quota minimal de 40 % pour le sexe sous-représenté est également conforme aux résolutions et recommandations du Conseil de l'Europe.

---

[311] Toutefois, il faut aussi noter que la Constitution française utilise le terme « favoriser » dans le second alinéa de l'article premier. Le Conseil constitutionnel a expliqué la portée du principe de parité comme suit : « D'une part, le principe de parité 'n'institue pas un droit ou une liberté que la Constitution garantit'. C'est dire 'que sa méconnaissance ne peut donc être invoquée à l'appui d'une question prioritaire de constitutionnalité' (décision n° 2015-465 QPC du 24 avril 2015). D'autre part, le principe de parité permet ' au législateur d'instaurer tout dispositif tendant à rendre effectif l'égal accès des femmes et des hommes aux mandats électoraux et fonctions électives ainsi qu'aux responsabilités professionnelles et sociales (…).À cette fin, il est loisible au législateur d'adopter des dispositions revêtant soit un caractère incitatif, soit un caractère contraignant. Il lui appartient toutefois d'assurer la conciliation entre cet objectif et les autres règles et principes de valeur constitutionnelle auxquels le pouvoir constituant n'a pas entendu déroger' (décision n° 2015-465 QPC du 24 avril 2015) ». Voir Conseil constitutionnel, Comment la Constitution garantit-elle l'égalité homme-femme ?, https://www.conseil-constitutionnel.fr/node/17104/pdf (page consultée le 22 août 2020).

En particulier, les articles 80 et 127 de la Constitution doivent être amendés. Une nouvelle disposition, similaire à l'article 92 de la proposition de la TBB, doit être ajoutée à l'article 80 relatif à la représentation de la nation. Selon cette nouvelle disposition, la représentation des femmes à la Grande Assemblée nationale de Turquie ne doit pas être inférieure à 40 %.

De même, une nouvelle disposition doit être ajoutée à l'article 127 relatif aux administrations locales. D'après cette disposition, les femmes doivent représenter au moins 40 % dans les conseils provinciaux, les conseils municipaux et les conseils municipaux métropolitains[312].

L'adoption d'un amendement constitutionnel relatif au principe de parité doit être le premier choix de la Turquie. Cependant, si cet amendement constitutionnel n'est pas adopté par le parlement en raison du désaccord entre les partis politiques, le deuxième choix est un amendement constitutionnel instaurant un quota minimal de 40 % pour le sexe sous-représenté.

Les amendements législatifs doivent également être apportés conformément aux amendements constitutionnels. En particulier, la législation sur les élections et les partis politiques doit être modifiée en vue de son adaptation aux nouveaux amendements constitutionnels.

Si le Parlement turc adopte un amendement constitutionnel relatif au principe de parité, la loi n° 298 sur les dispositions fondamentales des élections et des listes électorales doit être amendée. Une nouvelle disposition relative au principe de parité doit être ajoutée à l'article 2 relatif aux principes électoraux[313].

---

312 À la différence de la proposition de la TBB, la représentation des femmes dans les administrations locales doit être d'au moins 40 %.

313 Seçimlerin Temel Hükümleri ve Seçmen Kütükleri Hakkında Kanun, Kanun No: 298, Kabul Tarihi: 26. 04. 1961.

En outre, la loi n° 2820 sur les partis politiques doit également être amendée. En particulier, le chapitre VII de la deuxième partie de la loi relatif à la participation des partis politiques aux élections et à la détermination des candidats doit être amendé conformément au principe de parité[314]. De même, les lois électorales comme la loi n° 2839 relative à l'élection des députés, la loi n° 2972 relative aux élections locales, etc., doivent être amendées conformément à cet amendement constitutionnel[315].

Si le Parlement turc adopte un amendement constitutionnel instaurant un quota minimal de 40 % pour le sexe sous-représenté, ces lois mentionnées doivent également être amendées conformément à cet amendement constitutionnel.

Il est clair que le système de quotas est très important pour la représentation parlementaire des femmes car il exige un certain pourcentage de femmes sur les listes de candidats des partis politiques. Néanmoins, pour renforcer la représentation parlementaire des femmes, il faut aussi placer les femmes en tête de listes de candidats. L'APCE aussi recommande « les systèmes à double quota (l'alternance de type 'zèbre' ou 'fermeture éclair' par exemple) » car « ils garantissent aux femmes des positions éligibles sur chaque liste[316] ».

Conformément à la résolution 1989 (2012) de l'APCE, la Turquie doit instaurer un quota minimal de 40 % pour le sexe sous-représenté dans les listes de candidats, assorti de règles relatives à l'ordre de placement

---

314 Siyasi Partiler Kanunu, Kanun No: 2820, Kabul Tarihi: 22.04.1983.

315 Milletvekili Seçim Kanunu, Kanun No: 2839, Kabul Tarihi: 10.06.1983; Mahalli İdareler ile Mahalle Muhtarlıkları ve İhtiyar Heyetleri Seçimi Hakkında Kanun, Kanun No: 2972, Kabul Tarihi: 18.01.1984.

316 L'APCE, Recommandation 1676 (2004) sur la participation des femmes aux élections, *op.cit,* par. 6 (2) (f).

des candidats et aux positions en tête de liste. Les listes de candidats doivent respecter la règle de l'alternance hommes/femmes[317].

De même, conformément à la résolution 2111 (2016) de l'APCE, la Turquie doit inclure dans sa législation sur le fonctionnement des partis politiques des règles relatives à la désignation des candidats visant à garantir une représentation égale des genres. Elle doit adopter une législation électorale prévoyant des obligations strictes de placement des candidats de genre opposé[318].

Il faut aussi adopter des sanctions pour non-conformité aux règles relatives à la désignation des candidats visant à garantir une représentation égale des genres, l'ordre de placement des candidats, etc. Comme mentionné dans la résolution de l'APCE, tous les États membres, y compris la Turquie, doivent « instaurer des sanctions applicables en cas de non-respect des mesures positives, telles que le rejet des listes de candidats non conformes; veiller à ce que des organes indépendants comme les tribunaux à compétence électorale ou les commissions électorales supervisent l'application des quotas et autres mesures positives, et à ce qu'ils infligent des sanctions[319] ».

Par conséquent, les sanctions doivent être efficaces. Si le Parlement turc adopte un amendement constitutionnel relatif au principe de parité, les lois relatives aux partis politiques et aux élections législatives et locales doivent pénaliser financièrement les partis politiques qui ne

---

[317] L'APCE, Résolution 1898 (2012) sur les partis politiques et la représentation politique des femmes, *op.cit.,* par.6.7.

[318] L'APCE, Résolution 2111 (2016) sur l'évaluation de l'impact des mesures destinées à améliorer la représentation politique des femmes, *op.cit.*, pars. 15.2.1, 15.2.3.

[319] *Ibid.*, par.15.2.2.

présentent pas 50 % de candidats de chaque sexe et qui ne respectent pas la règle de l'alternance hommes/femmes.

De même, si le Parlement adopte un amendement constitutionnel instaurant un quota minimal de 40 % pour le sexe sous-représenté, les lois relatives aux partis politiques et aux élections doivent pénaliser financièrement les partis politiques qui ne présentent pas 40 % de candidats de chaque sexe et qui ne respectent pas la règle de l'alternance hommes/femmes.

Toutefois, en cas de non-respect de ces règles électorales, non seulement des sanctions financières doivent être imposées aux partis politiques. Les listes de candidats non conformes doivent également être rejetées[320]. Dans certains cas, les grands partis politiques peuvent préférer être sanctionnés financièrement plutôt que respecter la règle de parité[321]. Par conséquent, le rejet

---

[320] La loi électorale n° 8765 du Costa Rica est un bon exemple. Le quatrième alinéa de l'article 148 est le suivant : « The Electoral Registry shall not register official lists of candidates for popular elections by province, canton and district of political parties that do not comply with the principle of parity and gender alternation ». Voir Tribunal Supremo de Elecciones, Instituto de Formacion y Estudios en Democracia, English traduction of Electoral Act, San José, 2014, p.76 ; Dahlerup and Freidenvall donnent l'exemple suivant : « In France, the rejection of lists which failed to meet the requirement worked and women's representation on municipal councils in larger cities doubled... ». Voir Dahlerup (Drude) et Freidenvall (Lenita), « Quotas as a 'Fast Track' to equal representation for women : Why Scandinavia in no longer the model », *op.cit.,* p.180.

[321] Sineau explique les approches différentes des partis politiques comme suit : « Enfin et surtout, les dispositions de la loi concernant les élections législatives ne sont pas assez contraignantes. Car elles laissent la liberté de choix aux partis politiques : ou présenter 50 % de candidats de chaque sexe ou être sanctionnés par des pénalités financières. S'il est une leçon à tirer des législatives des 9 et 16 juin 2002, c'est que les grands partis ont préféré payer des amendes plutôt que de féminiser leurs investitures, car cela impliquait de 'sacrifier' des députés sortants...Seuls les petits partis (qui n'avaient pas de

des listes de candidats non conformes (les listes de candidats qui ne respectent pas la parité ou un quota de 40 %) est plus coercitif pour tous les partis politiques.

---

sortants à ménager) ainsi que le Parti communiste et les Verts, l'un et l'autre très minoritaires au Parlement, ont respecté la parité des candidatures ». Voir Sineau (Mariette), « L'institutionnalisation de la parité : L'expérience française », in *Les Femmes au parlement : Au delà du nombre*, (éds) Julie Ballington et Marie-José Protais, Stockholm, International IDEA, 2002, p.128.

CONCLUSION

Depuis sa création, l'ONU, comme une organisation internationale, a fait une grande contribution à l'élaboration des normes et des règles internationales concernant l'égalité hommes-femmes. Dans l'évolution des droits des femmes, l'ONU s'est d'abord concentrée sur l'élaboration des normes et des règles internationales qui visent à promouvoir une égalité formelle (l'égalité de jure) hommes-femmes.

Depuis la fin des années soixante-dix, elle a particulièrement élaboré des normes et des règles internationales qui visent à instaurer une égalité réelle (l'égalité de fait) hommes-femmes. Outre ses travaux normatifs, l'ONU a également organisé des conférences mondiales sur les femmes adoptant des plans d'actions internationaux concernant l'égalité hommes-femmes.

Comme l'indique l'ONU Femmes, un certain nombre de ces règles et de normes internationales « confèrent une place essentielle au leadership des femmes et à leur participation à la vie politique[322] ». L'adoption de la CEDEF constitue une étape décisive dans l'évolution des droits des femmes parce qu'elle vise à instaurer une égalité de fait hommes-femmes. L'article 4 de la CEDEF est relatif aux mesures temporaires spéciales visant à accélérer l'instauration d'une égalité de fait entre hommes et femmes. L'article 7 de la CEDEF est relatif aux engagements des États parties relatifs à la vie politique et publique.

[322] ONU Femmes, Règles et normes internationales, https://www.unwomen.org/fr/what-we-do/leadership-and-political-participation/global-norms-and-standards (page consultée le 4 septembre 2020).

Dans sa résolution 1990/15, l'ECOSOC appelle les gouvernements, les partis politiques, les syndicats, les groupes professionnels et les autres groupes représentatifs à augmenter la proportion des femmes occupant des postes de direction d'au moins 30 %.

La Déclaration et le Programme d'action de Beijing forment « un programme pour l'autonomisation des femmes » qui est considéré comme « le principal document de politique mondiale en matière d'égalité des sexes[323] ». Le Programme d'action de Beijing réitère également la résolution 1990/15 de l'ECOSOC et appelle à augmenter la participation des femmes aux structures du pouvoir et à la prise de décisions.

La participation équilibrée des femmes et des hommes à la prise de décision est également une priorité pour le Conseil de l'Europe depuis des décennies[324]. Comme une organisation régionale, le Conseil de l'Europe a contribué l'évolution d'une nouvelle approche à la question de l'égalité hommes-femmes par ses travaux sur la discrimination positive et la parité.

Les organes du Conseil de l'Europe ont adopté plusieurs résolutions et recommandations dans le domaine de la participation équilibrée des femmes et des hommes à la prise de décision politique et publique. Selon la Recommandation Rec(2003)3 sur la participation équilibrée des femmes et des hommes à la prise de décision politique et publique, « la participation équilibrée des femmes et des hommes signifie que la représentation

---

[323] ONU Femmes, Conférences mondiales sur les femmes, http:www.unwomen.org/fr/how-we-work/intergovernmental-support/world-conferences-on-women#mexico (page consultée le 4 septembre 2020).

[324] Conseil de l'Europe, Assurer une participation équilibrée des femmes et des hommes à la prise de décision politique et publique, https://www.coe.int/fr/web/genderequality/balanced-participation (page consultée le 4 septembre 2020).

de chacun des deux sexes au sein d'une instance de décision dans la vie politique ou publique ne doit pas être inférieure à 40 % ».

Comme un État membre de l'ONU et du Conseil de l'Europe, la Turquie doit se conformer à ces normes et règles adoptées par l'ONU et le Conseil de l'Europe. La Turquie a adhéré à la CEDEF en 1985. Elle a soumis cinq rapports nationaux au CEDEF de 1987 à 2017[325]. La représentation politique des femmes est devenue l'un des principaux sujets pendant les sept périodes de rapports.

Dans ses observations finales, le CEDEF a recommandé à la Turquie d'adopter des mesures temporaires spéciales, y compris des quotas, afin de parvenir à la participation pleine et équitable des femmes à la vie politique et publique et à la prise de décisions. Dans ses observations finales sur le septième rapport périodique de la Turquie, le CEDEF a spécialement déclaré sa préoccupation pour « la faible participation des femmes à tous les niveaux de la prise de décisions, sur le plan national et local, y compris au sein du gouvernement et du parlement car elle est inférieure à la moyenne mondiale[326] ».

Dans son rapport sur l'élection législative turque de 2018, l'APCE a également déclaré que les femmes restaient sous-représentées dans la vie politique turque[327].

---

[325] Il faut aussi noter que la Turquie a soumis son huitième rapport périodique au CEDEF, le 26 novembre 2020 mais le rapport est en cours d'examen. Voir OHCHR, Statut de ratification, présentation des rapports et documentation pour Turquie, https://tbinternet.ohchr.org/_layouts/15/TreatyBodyExternal/countries.aspx?Lang=fr (page consultée le 10 novembre 2021)

[326] CEDAW, Observations finales concernant le septième rapport périodique de la Turquie, CEDAW/C//TUR/ C O/7., *op.cit.,* p.13.

[327] PACE, Observation of the early presidential and parliamentary elections in Turkey (24 June 2018), *op.cit*, p.23.

En bref, alors que les femmes turques constituent la moitié de la population, leur représentation parlementaire est insuffisante. En 2021, la représentation parlementaire des femmes est seulement de 17,32 %[328]. Le taux de la représentation parlementaire des femmes reste encore loin des 40 % mentionnés dans la recommandation du CM. Il est également inférieur aux 30 % prévus dans la résolution 1990/15 de l'ECOSOC.

En Turquie, les partis politiques turcs jouent un rôle important dans la sous-représentation des femmes au Parlement. Les quotas volontaires sont seulement appliqués par certains partis politiques. Alors qu'il existe de bonnes pratiques chez certains partis politiques, elles ne sont pas suffisantes pour changer la situation actuelle. En ce qui concerne des partis politiques qui ont adopté des quotas volontaires, certains d'entre eux n'appliquent pas de quota à la liste entière relative aux candidats de l'élection législative. Des règles strictes de placement des femmes sur la liste des candidats, comme le système d'alternance hommes/femmes ou l'alternance de type zèbre n'ont pas été adoptés par la majorité des partis politiques.

Tous ces facteurs démontrent que la représentation parlementaire des femmes ne doit pas dépendre seulement des choix et/ou des décisions des partis politiques. Une réforme législative est nécessaire pour renforcer la représentation politique des femmes au parlement. Dans ce cadre, il faut amender la législation interne, y compris la Constitution turque de 1982.

Les amendements constitutionnels de 2004 et 2010 n'ont pas introduit un système de quotas dans la Constitution pour renforcer la participation des femmes à

[328] Türkiye Büyük Millet Meclisi (TBMM), Cinsiyete göre Dağılım, *loc.cit.*

la vie politique. Toutefois, ils ont ouvert la voie à l'adoption des mesures temporaires spéciales telles que les quotas. Certains membres du CEDEF ont même déclaré que l'amendement constitutionnel à l'article 10 était « une disposition vraiment révolutionnaire » qui devrait être interprétée « non pas comme un obstacle, mais plutôt comme une base constitutionnelle solide pour adopter des mesures spéciales temporaires[329] ».

Cependant, la Turquie n'a pas introduit dans les lois électorales, un système de quotas pour renforcer la participation des femmes à la vie politique. Toutefois, il est plus facile d'adopter des amendements législatifs, après l'entrée en vigueur des amendements constitutionnels, la Turquie n'a pas amendé les lois relatives aux partis politiques et aux élections législatives.

En ce qui concerne les amendements constitutionnels, certains membres du CEDEF ont aussi noté que les mesures temporaires spéciales n'ont pas été expressément reconnues dans la Constitution et ce fait a limité leur application dans la pratique. Par conséquent, la Turquie doit adopter de nouveaux amendements constitutionnels pour renforcer la représentation des femmes à la vie politique.

Plusieurs syndicats, associations et organisations professionnelles également soulignent la nécessité d'adopter des amendements constitutionnels et législatifs pour renforcer la représentation politique des femmes. En ce qui concerne les amendements constitutionnels concernant un système de quotas, la proposition de la TBB peut être particulièrement prise en considération.

Dans ce contexte, la Constitution française peut également être évaluée comme un bon exemple par la Turquie. Selon le second alinéa de l'article premier de la Constitution française « la loi favorise l'égal accès des

---

[329] CEDAW, CEDAW/C/SR.677, *op.cit.*, pp.8-9, par.45.

femmes et des hommes aux mandats électoraux et fonctions électives, ainsi qu'aux responsabilités professionnelles et sociales ». En plus, l'article 4 de la Constitution déclare que les partis et groupements politiques « contribuent à la mise en œuvre du principe énoncé au second alinéa de l'article 1er dans les conditions déterminées par la loi ». La Turquie peut aussi prendre en considération les articles du Code électoral français relatifs aux règles de parité, aux sanctions pour non-conformité aux règles de parité et aux règles de l'ordre d'apparition sur les listes de candidats.

L'adoption d'un amendement constitutionnel relatif au principe de parité doit être le premier choix de la Turquie. Cependant, si cet amendement constitutionnel n'est pas adopté par le parlement en raison du désaccord entre les partis politiques, le deuxième choix serait un amendement constitutionnel instaurant un quota minimal de 40 % pour le sexe sous-représenté.

Une disposition similaire au second alinéa de l'article 1er de la Constitution française peut être ajoutée à l'article 10 de la Constitution turque. Cette nouvelle disposition sur la parité peut être formulée comme suit : « La loi garantit l'égal accès des femmes et des hommes aux mandats électoraux et fonctions électives, ainsi qu'aux responsabilités professionnelles et sociales ». Alternativement, similaire à la proposition de la TBB, cette nouvelle disposition sur la parité peut être formulée comme suit: « Dans la création de tous les organes publics dont les membres sont déterminés par nomination ou élection, le principe de la représentation égale des femmes et des hommes (le principe de parité) doit être garanti ».

Si le Parlement turc n'adopte pas un amendement constitutionnel concernant la parité, il doit adopter des amendements constitutionnels fixant un quota de femmes d'au moins 40 %. Instaurer un quota minimal de 40 %

pour le sexe sous-représenté sera également conforme aux résolutions et recommandations du Conseil de l'Europe.

Dans ce contexte, les articles 80 et 127 de la Constitution turque doivent être amendés. Une nouvelle disposition, similaire à la proposition de la TBB, doit être ajoutée à l'article 80 relatif à la représentation de la nation. Selon cette nouvelle disposition, la représentation des femmes à la Grande Assemblée nationale de Turquie ne doit pas être inférieure à 40 %. Une nouvelle disposition doit également être ajoutée à l'article 127 relatif aux administrations locales. D'après cette disposition, les femmes doivent représenter au moins 40 % dans les conseils provinciaux, les conseils municipaux et les conseils municipaux métropolitains.

Les amendements législatifs doivent également être apportés conformément aux amendements constitutionnels. En particulier, la loi n° 298 sur les dispositions fondamentales des élections et des listes électorales, la loi n° 2820 sur les partis politiques, la loi n° 2839 relative à l'élection des députés, etc. doivent être modifiées conformément aux amendements constitutionnels.

Conformément à la résolution 2111 (2016) de l'APCE, la Turquie doit inclure dans sa législation sur le fonctionnement des partis politiques des règles relatives à la désignation des candidats visant à garantir une représentation égale des genres. Elle doit adopter une législation électorale prévoyant des obligations strictes de placement des candidats de genre opposé. Les listes de candidats doivent respecter la règle de l'alternance hommes/femmes.

La Turquie doit aussi instaurer des sanctions pour non conformité aux règles relatives à la désignation des candidats visant à garantir une représentation égale des genres, l'ordre de placement des candidats, etc. Si le

Parlement turc adopte un amendement constitutionnel relatif au principe de parité, les lois relatives aux partis politiques et aux élections doivent pénaliser financièrement les partis politiques qui ne présentent pas 50 % de candidats de chaque sexe et qui ne respectent pas la règle de l'alternance hommes/femmes.

De même, si le Parlement adopte un amendement constitutionnel instaurant un quota minimal de 40 % pour le sexe sous-représenté, les lois relatives aux partis politiques et aux élections doivent pénaliser financièrement les partis politiques qui ne présentent pas 40 % de candidats de chaque sexe et qui ne respectent pas la règle de l'alternance hommes/femmes.

Toutefois, en cas de non-respect de ces règles électorales, non seulement des sanctions financières doivent être imposées aux partis politiques mais les listes de candidats non conformes doivent également être rejetées.

Comme mentionné dans la résolution 2111 (2016) de l'APCE, tous les États membres doivent « instaurer des sanctions applicables en cas de non-respect des mesures positives, telles que le rejet des listes de candidats non conformes ; veiller à ce que des organes indépendants comme les tribunaux à compétence électorale ou les commissions électorales supervisent l'application des quotas et autres mesures positives, et à ce qu'ils infligent des sanctions[330] ».

---

[330] L'APCE, Résolution 2111 (2016) sur l'évaluation de l'impact des mesures destinées à améliorer la représentation politique des femmes, *op.cit.,* par.15.2.2.

BIBLIOGRAPHIE

Ouvrages

NATIONS UNIES, *Les Nations Unies et les droits de l'homme 1945-1995*, Série livres bleus des Nations Unies, Volume VII, New York, 1995.

SUDRE Frédéric, *Droit européen et international des droits de l'homme*, Paris, Presses Universitaires de France, 2003, pp.128,130.

UNITED NATIONS, *The United Nations and The Advancement of Women 1945-1966*, The United Nations Blue Book Series, Volume VI, New York, 1996.

Articles

DAHLERUP Drude, « Increasing Women's Political Representation : New Trends in Gender Quotas », in *Women in Parliament: Beyond Numbers A Revised Edition*, éds. Jullie Ballington et Azza Karaam, Stockholm International IDEA, 2005, p.142.

DAHLERUP Drude, « Les recours aux quotas pour augmenter le nombre des femmes dans les instances parlementaires », in *Les Femmes au parlement: Au dèla du nombre*, (éds) Julie Ballington et Marie-José Protais, Stockholm, International IDEA, 2002, p.111.

DAHLERUP Drude et FREIDENVALL Lenita, « Quotas as a 'fast track' to equal representation for women, *International Feminist Journal of Politics*, 2005 7:1, p.32.

DAHLERUP Drude et FREIDENVALL Lenita, « Quotas as a Fast Track to Equal Representation for Women : Why Scandinavia is No Longer the Model », in *Women, Gender and Politics : A Reader,* éd. Mona Lena

Krook et Sarah Childs, New York, Oxford University Press, 2010, p.178.

MINOR Julie A., « An Analysis of Structual Weaknesses in the Convention on the Elimination of All Forms of Discrimination against Women », in *Georgia Journal of International & Comparative Law*, 1994, Vol.24, No.1, pp.138-139.

KOPACI-DI Michele, « The Role of the Council of Europe in the promotion of gender equality and the political empowerement of women », in *Regional Organizations, Gender Equality and the Political Empowerement of Women*, International IDEA, Community of Democracies, UNDP, 2017, p.155.

SINEAU Mariette, « L'institutionnalisation de la parité : L'expérience française », *in Les Femmes au parlement: Au dèla du nombre*, (éds) Julie Ballington et Marie-José Protais, Stockholm, International IDEA, 2002, p.128.

Documents

Anayasa Hukuku Araştırmaları Derneği, Anayasa Hukuku Araştırmaları Derneği Anayasa Raporu Çalışması, Legal Yayıncılık, İstanbul, Mart 2012, pp.36,40.

Anayasa Platformu (Constitution Platform), Ulusal Çalıştay Sonuç Raporu Özeti, 2007, p.1.

L'Assemblée Parlementaire du Conseil de l'Europe, Recommandation 1413 (1999) sur la représentation paritaire dans la vie politique, 22 juin 1999, par.4.

L'Assemblée Parlementaire du Conseil de l'Europe, Recommandation 1676 (2004) sur la participation des femmes aux élections, 5 octobre 2004, par.6.

L'Assemblée Parlementaire du Conseil de l'Europe, Recommandation 1899 (2010) sur augmenter la représentation des femmes en politique par les systèmes électoraux, 27 janvier 2010.

L'Assemblée Parlementaire du Conseil de l'Europe, Résolution 1348 (2003) sur la représentation paritaire au sein de l'Assemblée Parlementaire, 30 septembre 2003, par.3.

L'Assemblée Parlementaire du Conseil de l'Europe, Résolution 1489 (2006) sur les mécanismes visant à garantir la participation des femmes à la prise de décision, 17 mars 2006, par.6.1.

L'Assemblée Parlementaire du Conseil de l'Europe, Résolution 1706 (2010) sur augmenter la représentation des femmes en politique par les systèmes électoraux, 27 janvier 2010, par.6.

L'Assemblée Parlementaire du Conseil de l'Europe, Résolution 1898 (2012) sur les partis politiques et la représentation politique des femmes, 3 octobre 2012, par.1.

L'Assemblée Parlementaire du Conseil de l'Europe, Résolution 2111 (2016) sur l'évaluation de l'impact des me mesures destinées à améliorer la représentation politique des femmes, 21 avril 2016, par. 2.

Adalet ve Kalkınma Partisi, AK Parti Tüzük, Ocak 2019.

CEDAW, Annexes to State party report, 26 november 2014, p.4, https://tbinternet.ohchr.org/ Treaties/ CEDAW/ Shared%20Documents/TUR/INT_CEDAW_ADR_ TUR_ 19028_E.pdf (page consultée le 15 septembre 2019).

CEDAW, Combined fourth and fifth periodic reports of States parties, Turkey, CEDAW/C/ TUR/4-5, 8 August 2003, p.18.

CEDAW, Compte rendu analytique de la 677e séance, CEDAW/C/SR.677, 20 mai 2005, p.2.

CEDAW, Compte rendu analytique de la 678e séance, CEDAW/C/SR.678, 6 avril 2005, p.2.

CEDAW, Consideration of reports submitted by state parties under article 18 of the Convention, Seventh periodic States parties due in 2014 Turkey, CEDAW/C/TUR/7, 9 December 2014, pp.15,16.

CEDAW, Deuxièmes et troisièmes rapports périodiques des Etats parties, Turquie, CEDAW/C/TUR/2-3, 1er octobre 1996.

CEDAW, Examen des rapports présentés par les Etats parties en application de l'article 18 de la Convention, Sixième rapport périodique des États parties Turquie, CEDAW/C/TUR/6, 24 novembre 2008, pp.18.

CEDAW, Examen des rapports présentés par les Etats parties en application de l'article 18 de la Convention, Septième rapport périodique que les États parties devaient présenter en 2014 Turquie, CEDAW/C/TUR/7, 14 décembre 2014, p.13.

CEDAW, General Recommendation no 25: Article 4, paragraph 1 of the Convention (temporary special measures), Thirtieth session, 2014.

CEDAW, Liste de points et de questions concernant le septième rapport périodique de la Turquie, Additif Réponses de la Turquie, CEDAW/C/TUR/Q/7/Add.1, 24 mars 2016, p.14.

CEDAW, Liste de points et de questions concernant le septième rapport périodique de la Turquie, CEDAW/C/TUR/Q/7, 27 novembre 2015, p.4.

CEDAW, Quatrième et cinquième rapports périodiques des États parties, Turquie, CEDAW/C/TUR/4-5, 8 août 2003, p.24.

CEDAW, Observations finales concernant le septième rapport périodique de la Turquie, CEDAW/C/TUR/ CO/7, 25 juillet 2016, p.7.

CEDAW, Observations finales du Comité pour l'élimination de la discrimination à l'égard des femmes Turquie, CEDAW/C/TUR/CO/6, 16 août 2010, pp.2, 4.

CEDAW, Rapport du Comité pour l'élimination de la discrimination à l'égard des femmes, A/60/38(SUPP), 31 August 2005, p. 65.

CEDAW, Recommandation générale no 28 concernant les obligations fondamentales des Etats parties découlant de l'article 2 de la Convention sur l'élimination de toutes les formes de discrimination à l'égard des femmes, CEDAW/C/GC/28, 16 décembre 2010.

CEDAW, Réponses à la liste des points et des questions soulevés par l'examen du sixième rapport périodique Turquie, CEDAW/C/TUR/Q/6/Add.1, 12 février 2010, pp.13-14.

CEDAW, Summary record of the 161st meeting, CEDAW/C/SR.161,12 February 1990, p.11.

CEDAW, Summary record of the 165th meeting, CEDAW/C/SR.165, 12 February 1990, p.6.

CEDAW, Summary record of the 318th meeting, CEDAW/C.SR.318, 12 March 1998, p.10.

CEDAW, Summary record of the 319th meeting, CEDAW/C.SR.319, 12 March 1998, pp.6,8.

CEDAW, Summary record of the 678th meeting, CEDAW/C/SR.678, 6 april 2005, p.2.

CEDAW, Summary record of the 1415th meeting, CEDAW/C/SR.1415, 19 July 2016, p.7.

CEDAW, Summary record of the 1416th meeting, CEDAW/C/SR.1416, 20 July 2016, p.3.

CEDEF, Recommandation générale no 23: La vie politique et publique, A/52/38, 1997.

CEDEF, Recommandation générale no 25: Premier paragraphe de l'article 4 de la Convention (Mesures temporaires spéciales), Trentième session, 2004.

Le Comité des Ministres du Conseil de l'Europe, Recommandation Rec(2003)3 du Comité des Ministres aux Etats membres sur la participation équilibrée des femmes et des hommes à la prise de décision politique et publique, 12 mars 2003.

Conseil constitutionnel, Comment la Constitution garantit-elle l'égalité homme-femme?, https://www.conseil-constitutionnel.fr/node/17104/pdf (page consultée le 22 août 2020).

Conseil Constitutionnel, Texte intégral de la Constitution du 4 octobre 1958 en vigueur, https://www.conseil-constitutionnel.fr/sites/default/files/as/root/bank_mm/constitution/consti tution.pdf (page consultée le 9 août 2020).

Conseil de l'Europe, Assurer une participation équilibrée des femmes et des hommes à la prise de décision politique et publique, https://www.coe.int/fr/web/genderequality/ba lanced-participation (page consultée le 4 septembre 2020).

Conseil de l'Europe, Convention de sauvegarde des Droits de l'Homme et des Libertés fondamentales, https://www. coe.int/fr/web/conventions/search-on-treaties/conventions /treaty/005/siganatures?p_auth=epPqTX6 (page consultée le 10 octobre 2020).

Conseil de l'Europe, Détails du traité n° 177, https://www.coe.int/fr/web/conventions/search-on-treaties/-/conventions/treaty/177, (page consultée le 4 octobre 2019).

Conseil de l'Europe, Données électorales par pays, https://www.coe.int/fr/web/electoral-assistance-elecdata (page consultée le 7 novembre 2021).

Conseil de l'Europe, Égalité entre les sexes dans les parlements (représentation minimale de % 40 de chaque sexe), https://www.coe.int/fr/web/electoral-assistence/gender-equality-in-parliaments (page consultée le 7 novembre 2021).

Conseil de l'Europe, Rapport explicatif du Protocole n° 12 à la Convention de sauvegarde des Droits de l'Homme et des Libertés fondamentales, STE 177, Rome, 4.XI.2000, p.5.

Conseil de l'Europe, Statut du Conseil de l'Europe, https://www.coe.int/fr/web/conventions/search-on-treaties/-/conventions/treaty/001/signatures?pauth=Z3dQVSJi (page consultée le 10 octobre 2020).

Conseil de l'Europe, Turquie, Traités ratifiés et signés par la Turquie, https://www.coe.int/fr/web/portal/turkey (page consultée le 9 novembre 2021).

Conseil de l'Europe, «Assurer une participation équilibrée des femmes et des hommes à la prise de décision politique et publique », https://www.coe.int/fr/web/genderequality/balanced-participation, (page consultée le 1 Octobre 2020).

CSW, Rapport sur les travaux de la cinquante-neuvième session (21 mars 2014 et 9-20 mars 2015), E/2015/27 E/CN.6/2015/10, New York, 2015, p.19.

Code électoral (Version consolidée au 30 juin 2020), https://www.legifrance.gouv.fr/affichCode.do;jsessionid=EB16035CDE3EB89545A321514443796E.tplgfr31_1?cidTexte=LEGITEXT000006070239&dateTexte=20200814 (page consultée le 14 août 2020).

Constitution Platform Initiative, Joint Statement by the Constitution Platform Initiative, 9 avril 2010, https://www.tepav.org.tr/upload/files/haber/1271675859r5310.ConstitutionPlatform.pdf (page consultée le 25 juillet 2020).

The Constitutional Court of the Republic of Turkey, Constitution of the Republic Turkey, https://www.anayasa.gov.tr/en/legislation/turkish-constitution/ (page consultée le 3 août 2019).

Cumhuriyet Halk Partisi, Cumhuriyet Halk Partisi Tüzüğü, 10 Mart 2018.

Digithèque MJP, Constitution du 7 novembre 1982, http://mjp.univ.perp.fr/constit/tr1982.htm (page consultée le 3 août 2019).

FREIDENVALL Lenita et DAHLERUP Drude, *Electoral Gender Quota Systems and Their Implementation in Europe Update 2013*, European Parliament Directorate-Generale for Internal Policies, Policy Department C: Citizen's Rights and Constitutional Affairs, Gender Equality, Brussels, European Union, 2013, p.6.

Halkların Demokratik Partisi, Halkların Demokratik Partisi Tüzüğü, 22 Haziran 2014.

HCDH, Suivi des traités internationaux relatifs aux droits de l'homme, https://www.ohchr.org/FR/HRBodies/Pages/WhatTBDo.aspx., (page consultée le 10 juillet 2019).

HCDH, Statut de ratification, présentation des rapports et documentation par Turquie, https://tbinternet.ohchr.org/layouts/15/TreatyBodyExternal/countries.aspx?Lang=fr (page consultée le 11 juillet 2019).

HDP, « Our Labor, Our Bodies, Our Identities and Our Will is Ours», https://www.hdp.org.tr/en/hdp-woman/statements-and-others/our-labor-our-bodies-ouridentitiesand-our-will-is-ours/9022, (page consultée le 24 décembre 2019).

IDEA, Legislated candidate quotas, https://www.idea.int/data-tools/gender-quotas/reserved-overview (page consulté le 10 novembre 2021.

IDEA, Quotas, https://www.idea.int/data-tools/data/gender-quotas/quotas (page consultée le 4 décembre 2019).

IDEA, Reserved seats, https://www.idea.int/data-tools/data/gender-quotas/reserved-overview (page consulté le 10 novembre 2021).

IDEA, Voluntary political party quotas, https://www.idea.int/data-tools/data/gender-quotas/voluntary-overview (page consulté le 10 novembre 2021).

IPU Parline, Moyennes mondiales et régionales de femmes dans les parlements nationaux, https://data.ipu.org/fr/women-averages (page consultée le 9 novembre 2021).

İYİ Parti, İYİ Parti Tüzüğü.

Kadın Adayları Destekleme Derneği (KA.DER), « TBMM'de 453 erkek 98 kadın vekil varsa Türkiye'de 'gerçek demokrasi' yoktur! », http://ka-der.org.tr/tbmmde-453-erkek-98-kadin-vekil-varsa-turkiyede-gercek-demokrasi-yoktur/,8 June 2015, (page consultée le 9 août 2020).

Kamu Emekçileri Sendikaları Konfederasyonu (KESK), KESK'in Anayasa Sürecine İlişkin Raporu, KESK Basın Açıklamaları, 30 Aralık 2011, https://kesk.org.tr/2011/12/30/keskin-anayasa-surecinei-liskin-raporu/ (page consultée le 27 juillet 2020).

Loi n° 88-277 du 11 mars 1988 relative à la transparence financière de la vie politique, https://www.legifrance.gouv.fr/affichTexte.do?cidTexte= JORFTEXT000000321646, (page consultée le 13 août 2020).

Mahalli İdareler ile Mahalle Muhtarlıkları ve İhtiyar Heyetleri Seçimi Hakkında Kanun, Kanun No: 2972, Kabul Tarihi: 18.01.1984.

Milletvekili Seçim Kanunu, Kanun No: 2839, Kabul Tarihi: 10.06.1983.

Milliyetçi Hareket Partisi, MHP Parti Tüzüğü, 9. Olağan Büyük Kurultayı, 8 Kasım 2009.

Nations Unies, Cadre mondial d'indicateurs relatifs aux objectifs et aux cibles du Programme de développement durable à l'horizon 2030, A/RES/71/313, E/CN.3/2018/2, E/CN.3/2019/2.

Nations Unies, Convention sur les droits politiques de la femme, https://treaties.un.org/pages/ViewDetails.aspx ?src=TREATY&mtdsg_no=XVI-1&chapter=16&clang=_ fr (page consultée le 23 janvier 2019).

Nations Unies, Le dispositif conventionnel des Nations Unies relatif aux droits de l'homme, Fiche d'information no 30/Rev1, New York et Genève, 2012.

Nations Unies, L'égalité des sexes, https://www.un.org/fr/gender-equality/index.html (page consultée le 6 juillet 2019).

Nations Unies, Etat des traités, Chapitre XVI: Conditions de la femme, https://treaties.un.org/Pages/ Treaties.aspx?id =16&subid=A&clang_fr (page consultée le 9 janvier 2019).

Nations Unies, Transformer notre monde: Le Programme de développement durable à l'horizon 2030, A/RES/70/1, 21 octobre 2015.

Nations Unies, Point annuel sur les objectifs de développement durable, Rapport du Secrétaire général, E/2016/75, 3 juin 2016.

Nations Unies, Point annuel sur les objectifs de développement durable, Rapport du Secrétaire général, E/2017/66, 11 mai 2017.

Nations Unies, Rapport du Comité pour l'élimination de la discrimination à l'égard des femmes, A/45/38, 6 juin 1990, p.58.

Nations Unies, Rapport sur les objectifs de développement durable 2016, New York, 2016.

Nations Unies, Rapport sur les objectifs de développement durable 2017, New York, 2017.

Nations Unies, Rapport sur les objectifs de développement durable 2018, New York, 2018.

Nations Unies, Rapport sur les objectifs de développement durable 2019, New York, 2019.

Nations Unies, Rapport sur les objectifs de développement durable 2020, New York, 2020.

Nations Unies, Rapport sur les objectifs de développement durable 2021, New York, 2021, p.37.

Nations Unies, Statut de ratification, présentation des rapports et documentation pour Turquie, https://tbinternet.ohchr.org/layouts/15/TreatyBodyExternal/countries.aspx?Lang=fr (page consultée le 9 juillet 2019).

OHCHR, Reporting status for Turkey, https://tbinternet . ohchr.org//_layouts/15/TreatyBodyExternal/Countries.aspx?CountryCode=TUR&Lang=EN (page consultéé le 9 novembre 2021)

OHCHR, Statut de ratification, présentation des rapports et documentation pour Turquie, https://tbinternet. ohchr.org/_layouts/15/TreatyBodyExternal/countries. aspx ?Lang=fr (page consultée le 9 novembre 2021)

OIT, Convention (n°100) sur l'égalité de rémunération,https://www.ilo.org/dyn/normlex/fr/ f?p=NORMLEXPUB:12100:::NO:12100:P12100_ILO_CODE:C100:NO (page consultée le 14 janvier 2019).

ONU, La Charte internationale des droits de l'homme, Fiche d'information No.2 (Rev.1), Geneva, June 1996.

ONU, La Convention sur l'élimination de toutes les formes de discrimination à l'égard des femmes, http://www.un.org/womenwatch/daw/cedaw/text/fconvention.htm (page consultée le 24 février 2019).

ONU Femmes, Conférences mondiales sur les femmes, http://www.unwomen.org/fr/how-we-work/inter governmental-support/world-conferenceson-women#mexico, (page consultée le 25 janvier 2019).

ONU Femmes, Règles et normes internationales, https://www.unwomen.org/fr/what-we-do /leadership-and-political-participation/global-norms-and-standards (page consultée le 4 septembre 2020).

Parliamentary Assembly of the Council of Europe, Observation of the early presidential and parliamentary elections in Turkey (24 June 2018), Doc.14608, 3 September 2018, p.23.

Seçimlerin Temel Hükümleri ve Seçmen Kütükleri Hakkında Kanun, Kanun No: 298, Kabul Tarihi: 26. 04. 1961.

Sénat, Rapport d'information no 384 (1996-1997) de M. Philippe Richert fait au nom de la mission commune d'information, 7 juillet 1997, pp.186-187.

Siyasi Partiler Kanunu, Kanun No: 2820, Kabul Tarihi: 22.04.1983.

TAHAOĞLU Çiçek, Kadınların Sadece Yüzde 5'i İlk Sıradan Aday gösterildi http://bianet.org/bianet/toplumsal-cinsiyet/197385-kadinlarin-sadece-yuzde-5-i-ilk-sıradan-aday-gost erildi (page consultée le 18 décembre 2019).

TEPAV, Constitution Platform reinitiated for social consultation to launch a new constitution, 9 avril 2010, https://www.tepav.org.tr/en/haberler/s/1576) (page consul tée le 25 juillet 2020)

Tribunal Supremo de Elecciones, Instituto de Formacion y Estudios en Democracia, English traduction of Electoral Act, San José, 2014, p.76.

Türkiye Barolar Birliği (TBB), Türkiye Cumhuriyeti Anayasa Önerisi, 4. baskı, Ankara, Kasım 2007.

Türkiye Büyük Millet Meclisi (TBMM), Cinsiyete göre Dağılım,https://www.tbmm.gov.tr/develop/owa/milletveki llerimiz_sd.dagilim (page consultée le 6 novembre 2021).

Türkiye Büyük Millet Meclisi (TBMM), 7/11/1982 Tarihli ve 2709 Sayılı Türkiye Cumhuriyeti Anayasasının Bazı Maddelerinde Değişiklik Yapılması Hakkında Kanun Teklifi, p.3, https://www2.tbmm.gov.tr/d23/2/2-0656.pdf. (page consultée le 15 septembre 2019).

Türkiye Cumhuriyeti Cumhurbaşkanlığı Strateji ve Bütçe Başkanlığı, 100.Yıl Türkiye Planı On Birinci Kalkınma Planı (2019-2023), Ankara, 18/07/2019.

Türkiye Cumhuriyeti Kalkınma Bakanlığı, Onuncu Kalkınma Planı (2014-2018), Ankara, 2013, pp.40, 41.

Türkiye Devrimci İşçi Sendikaları Konfederasyonu (DİSK), Özgürlükçü, Eşitlikçi,Demokratik ve Sosyal Bir Anayasa için Temel İlkeler (Anayasa Raporu), DİSK Yayınları No.57, Ankara, Haziran 2009.

Türkiye Ekonomi Politikaları Araştırma Vakfı (TEPAV), TOBB-Anayasa Platformu Projesi, https://www.tepav.org.tr/tr/proje/s/107 (page consultée le 25 juillet 2020).

Türk Sanayici ve İş İnsanları Derneği (TÜSİAD), Yeni Anayasa Yuvarlak Masa Toplantıları Dizisi: Yeni Anayasanın Beş Temel Boyutu, Mart 2011, p.20.

Union Interparlementaire, Egalité des sexes, https://www.ipu.org/fr/notre-impact/egalite-des-sexes (page consultée le 9 novembre 2021).

Union Interparlementaire, Plan d'Action pour remédier aux déséquilibres actuels dans la participation des hommes et des femmes à la vie politique, Paris, 26 mars 1994, http://archive.ipu.org/wmn-f/planactn.htm (page consultée le 23 janvier 2019).

United Nations, Compilation of Rules of Procedure Adopted By Human Rights Treaty Bodies, HRI/GEN/3/Rev.3, 28 May 2008.

United Nations, Report of the World Conference of the International Women's Year Mexico City 19 June- 2 July 1975, E/CONF.66/34, New York, 1976.

United Nations Report of the World Conference of the United Nations Decade for Women: Equality, Development and Peace Copenhagen 14 to 30 July 1980, A/CONF/94/35, New York, 1980.

United Nations, Report of the World Conference to Review and Appraise the Achievements of the United Nations Decade for Women: Equality, Development and Peace Nairobi 15-26 July 1985, A/CONF.116/28/ Rev.1 New York, 1986.

UN Women, A Short History of the Commission on the Status of Women, New York, January 2019.

Yüksek Seçim Kurulu, Seçime Katılan Siyasi Partilerin Milletvekili Adaylarının Cinsiyet Dağılımı, http://www.ysk.gov.tr/tr/2018-cumhurbaskani-ve-milletvekili-secim-istatistikleri/78032 (page consultée le 18 décembre 2019).

Yüksek Seçim Kurulu, 27.Dönem Milletvekillerinin Cinsiyet Dağılımı, http://www.ysk.gov.tr/tr/2018-cumhurbaskani-ve-milletvekili-secim-istatistikleri/78032 (page consultée le 18 décembre 2019).

Instruments internationaux

L'Assemblée générale des NU, A/RES/1921(XVIII), 5 décembre 1963.

L'Assemblée générale des NU, A/RES/2263(XXII), 7 novembre 1967.

L'Assemblée générale des NU, A/RES/3010 (XXVII), 18 décembre 1972.

L'Assemblée générale des NU, A/RES/3520 (XXX), 15 décembre 1975.

L'Assemblée générale des NU, A/RES/31/136, 16 décembre 1976.

L'Assemblée générale des NU, A/RES/34/180, 18 décembre 1979.

L'Assemblée générale des NU, A/RES/40/108, 13 décembre 1985.

L'Assemblée générale des NU, Résolution adoptée par l'Assemblée générale sur le rapport du Comité plénier spécial de la vingt-troisième session extraordinaire de l'Assemblée générale (A/S-23/10/Rev.1), A/RES/S-23/2, 16 novembre 2000.

L'Assemblée générale des NU, Résolution adoptée par l'Assemblée générale le 22 décembre 2003, Participation des femmes à la vie politique, A/RES/58/142, 10 février 2004.

L'Assemblée générale des NU, Résolution adoptée par l'Assemblée générale le 19 décembre 2011, Participation des femmes à la vie politique, A/RES/66/130, 19 mars 2012.

L'Assemblée générale, Travaux de la Commission de statistique sur le développement durable à l'horizon 2030, A/RES/71/313, 10 juillet 2017.

La Charte des Nations Unies

La Déclaration universelle des droits de l'homme

ECOSOC, Déclaration rendue publique par la Commission de la condition de la femme à sa quarante-neuvième session, E/CN.6/2005/L.1, 3 mars 2005.

ECOSOC, Déclaration à l'occasion du quinzième anniversaire de la quatrième Conférence sur les femmes, E/CN.6/2010/L.1, 24 février 2010.

ECOSOC, Future organization and methods of work of the Commission on the Status of Women, Resolution 2009/15, 28 July 2009.

ECOSOC, Future organisation des travaux et méthodes de travail de la Commission de la condition de la femme, E/RES/2013/18, 24 juillet 2013.

ECOSOC, Résolution 1990/15, Annexe, Recommandation VI, 24 mai 1990.

La résolution 11(II) de l'ECOSOC, E/RES/2/11, 21 juin 1946.

Le Statut du Conseil de l'Europe.

TABLE DES MATIÈRES

Structures éditoriales du groupe L'Harmattan

L'Harmattan Italie
Via degli Artisti, 15
10124 Torino
harmattan.italia@gmail.com

L'Harmattan Hongrie
Kossuth l. u. 14-16.
1053 Budapest
harmattan@harmattan.hu

L'Harmattan Sénégal
10 VDN en face Mermoz
BP 45034 Dakar-Fann
senharmattan@gmail.com

L'Harmattan Cameroun
TSINGA/FECAFOOT
BP 11486 Yaoundé
inkoukam@gmail.com

L'Harmattan Burkina Faso
Achille Somé – tengnule@hotmail.fr

L'Harmattan Guinée
Almamya, rue KA 028 OKB Agency
BP 3470 Conakry
harmattanguinee@yahoo.fr

L'Harmattan RDC
185, avenue Nyangwe
Commune de Lingwala – Kinshasa
matangilamusadila@yahoo.fr

L'Harmattan Congo
67, boulevard Denis-Sassou-N'Guesso
BP 2874 Brazzaville
harmattan.congo@yahoo.fr

L'Harmattan Mali
ACI 2000 - Immeuble Mgr Jean Marie Cisse
Bureau 10
BP 145 Bamako-Mali
mali@harmattan.fr

L'Harmattan Togo
Djidjole – Lomé
Maison Amela
face EPP BATOME
ddamela@aol.com

L'Harmattan Côte d'Ivoire
Résidence Karl – Cité des Arts
Abidjan-Cocody
03 BP 1588 Abidjan
espace_harmattan.ci@hotmail.fr

Nos librairies en France

Librairie internationale
16, rue des Écoles
75005 Paris
librairie.internationale@harmattan.fr
01 40 46 79 11
www.librairieharmattan.com

Librairie des savoirs
21, rue des Écoles
75005 Paris
librairie.sh@harmattan.fr
01 46 34 13 71
www.librairieharmattansh.com

Librairie Le Lucernaire
53, rue Notre-Dame-des-Champs
75006 Paris
librairie@lucernaire.fr
01 42 22 67 13